브랜딩·인사이트·디자인

Original title: I Love It. What Is It?: The Power Of Instinct In Design And Branding © 2024 Turner Duckworth, a division of alpha245 Inc. published by Phaidon Press Limited

This Edition published by Eulyoo Publishing Co., Ltd. under licence from Phaidon Press Limited, of 2 Cooperage Yard, London E15 2QR, England
All rights reserved. No part of this publication may be reproduced, stored in a retrieval system or transmitted, in any form or by any means, electronic, mechanical, photocopying, recording or otherwise, without the prior permission of Phaidon Press.

Korean translation copyright © 2025 by Eulyoo Publishing Co., Ltd
Korean translation rights arranged with Phaidon Press.
through EYA Co.,Ltd

이 책의 한국어판 저작권은 EYA Co.,Ltd를 통해 Phaidon Press와 독점 계약한 을유문화사가 소유합니다.
저작권법에 의하여 한국 내에서 보호를 받는 저작물이므로 무단 전재 및 복제를 금합니다.

브랜딩·인사이트·디자인

터너 더크워스, 자일스 링우드 지음
정상희 옮김

**I LOVE IT
WHAT IS IT**

브랜딩·인사이트·디자인

발행일
2025년 8월 25일 초판 1쇄

지은이 | 터너 더크워스, 자일스 링우드
옮긴이 | 정상희
펴낸이 | 정무영, 정상준
펴낸곳 | (주)을유문화사

창립일 | 1945년 12월 1일
주소 | 서울시 마포구 서교동 469-48
전화 | 02-733-8153
팩스 | 02-732-9154
홈페이지 | www.eulyoo.co.kr
ISBN 978-89-324-7568-4   03320

- 이 책의 전체 또는 일부를 재사용하려면 저작권자와 을유문화사의 동의를 받아야 합니다.
- 책값은 뒤표지에 있습니다.
- 잘못된 책은 구입하신 곳에서 바꾸어 드립니다.

데이비드와 브루스에게 이 책을 바친다.

두 창업주는 우리 직원들에게 모든 일이 잘되리라 여기는 것은 비현실적이라고 가르쳤다. 그와 동시에 우리가 모든 일을 **훌륭하게 해낼 수 있으리라는 가능성**은 비현실적이지 않다고도 가르쳤다. 현실주의와 끝없는 낙관주의를 결합한 창업주들의 독창적인 태도는 여전히 터너 더크워스 에이전시의 심장이자 영혼으로 자리하고 있다. 평범함이 압도하는 환경에서 탁월함을 추구했던 데이비드와 브루스의 끝없는 의지가 우리 조직 문화의 근간이 되었다.

창조적인 일을 직업으로 삼는다는 것은 쉽지 않은 길이다. 이러한 일은 단순한 직업이라기보다는 소명에 가깝다. 고통스럽고, 모든 걸 바쳐야 하며, 저녁 먹을 시간에 맞춰 집에 가지도 못한다. 하지만 이 길에서 얻는 보람은 창의적인 성취나 경제적인 성공을 뛰어넘는, 훨씬 더 풍요로운 무언가다. 터너 더크워스에 몸담았던 모든 이는 안다. 어떤 일이 일어나든 나와 내가 해낸 일이 동료들에게 진정으로 존중받는다는 사실을 말이다.

우리는 서로를 존중하고 소중히 여기는 사람들과 위대함을 추구하는 여정에 날마다 함께 나선다. 그러니 이 모든 걸 사랑하지 않을 도리가 없다.

일러두기
1. 인명, 지명 등은 국립국어원의 외래어표기법을 따랐습니다. 단, 일부 굳어진 명칭은 일반적으로 통용되는 표기를 사용했습니다.
2. 옮긴이와 편집자가 추가한 주석은 별(*)로 표시하고 본문 하단에 달았습니다.
3. 책, 잡지 등은 『 』로, 일간지와 미술 작품명은 「 」로, 영화와 노래, 전시, 게임, TV 프로그램명은 〈 〉, 음반명은 《 》로 표기했습니다.
4. 본문과 도판 등의 배치는 원서의 구성을 최대한 살렸습니다.

차례

10   **서문 — 좋은 시작점**
       자일스 링우드

14   **터너 덕워스에 관하여 — 이 책을 만든 크리에이티브 에이전시**
       조앤 챈 & 세라 모펏

18   **소프트 파워 — 디자인으로 마음과 생각을 사로잡다**
       모이라 컬런

34   **스마일의 A부터 Z까지 — 시대를 초월한 로고 만들기**
       조앤 챈, 앤서니 바일스

48   **쉽게 좋아할 수 있는 것 만들기 — 수백만 명을 기쁘게 하는 법**
       데이비드 터너, 브루스 덕워스

66   **팬덤 — 모두의 브랜드**
       모건 플래틀리

80 **용감한 창의성** — 대담한 사고에서 시작된 훌륭한 디자인
린다 리

94 **진심을 다하는 것** — 전설의 메탈 밴드 브랜딩하기
제이미 매카시

110 **숨 쉴 곳** — 물리적 공간이 주는 긍정적인 효과
존 앤서니 듀메이

124 **아름다움이 중요한 이유** — 실용을 넘어서는 생각
슈테판 자그마이스터

136 **여기에 무언가 숨겨져 있다** — 혼돈 속에 숨겨진 질서
세라 모펏

156 **신뢰 & 믿음** — 직감을 신뢰하는 이유
미노트 웨신저

172 **창조를 위해 돌고 돌기** — 창의적인 사람의 사고방식 이해하기
크리스 가비

180 **당신이 아니라, 그들** — 상호 작용하는 관계 구축
대니얼 다시

190 **중요한 것은 마음** — 선물의 좋은 사례
앤디 배런

202	**사진 에세이** — 시각적 인터미션 스탠 뮤질렉	

| 214 | **사람들이 사랑하는 마케팅** — 디자인의 중요성
제시카 스펜스 |

| 230 | **세상으로 향하는 문** — 무한한 발견의 기회
팀 오언 |

| 244 | **궁극적인 신뢰의 도약** — 느긋한 세상의 강박형 인간 되기
조앤 챈 |

| 256 | **스티키 모먼트** — 일할 때의 언어유희
크리스 가비 |

| 266 | **강력한 힘** — 재미를 대하는 진지한 태도
닐 페들리엄, 마크 워터스 |

| 280 | **꽃들은 햇살 속에서 피어난다** — 낙관주의 기르기
마크 투트셀 |

| 290 | 소개 |

| 304 | 도판 출처 |

| 308 | 감사의 글 |

서문
자일스 링우드

『브랜딩·인사이트·디자인』을 펼친 독자 여러분을 환영한다. 이 책은 디자인과 브랜딩이라는 매력적이고도 잘 드러나지 않는 세계를 보여 주는 이미지와 글로 꾸려졌다. '직감'을 중심에 두고 창의성, 마케팅, 리더십, 브랜드 구축 등 여러 주제를 풍부하고도 깊이 있게 탐구할 것이다.

직감과 관련된 여러 언어는 종종 인간의 몸과 감각에서 온다. 예를 들면 이런 표현들이다. '옳다고 느끼는 것을 하다', '마음이 가는 대로 따르다'(또는 '내면의 목소리'), '직감을 따르다', '인간의 본성'(또는 '제2의 천성'), '뼛속 깊이 느끼다'(또는 '직감적으로 느끼다') 등등. 직감과 관련된 학문적 개념과 이론은 엄청나게 다양해서 행동학·인지학·유전학·동기학·기능학 등 여러 분야에서 각기 다른 정의와 맥락, 적용 방식을 보인다. 그러나 놀랍게도 이런 것을 따로 읽거나 공부하지 않아도 우리는 모두 직감이 무엇이고 어떻게 나타나는지, 언제 가장 잘 활용할 수 있는지 '안다'.

브랜딩이나 마케팅 커뮤니케이션 관련 도서를 읽어 보면 브랜드가 매우 광범위한 곳에 '살아 있다'는 것을 금세 깨닫기 마련이다. 브랜드는 기업 환경에, 디지털 생태계나 오프라인 소매점에, 제품과 포장에, 기업주나 직원의 태도와 행동에, 그리고 무엇보다 기존 및 잠재 고객의 마음속에 살아 있다. 고객과 깊은 유대감을 형성한 브랜드는 경쟁사 대비 우위를 점하고 가격 경쟁에도 효과적으로 대응할 수 있다.

이 책은 고객과 깊이 연결되는 세계적인 브랜드를 창조하고 이끌어 가는 데서 마음을 따르는 일이 어떤 힘을 발휘하는지 탐구한다. 책을 쓰는 데 참여한 여러 필자는 그저 '옳다고 느껴서' 내린 결정들을 회상한다. 이성을 밀쳐 두고 마음에 따를 용기가 필요했던 순간을 통해, MBA 교과서를 그대로 따르기보다는 내면의 목소리에 귀 기울였을 때 어떤 일이 일어나는지 흥미진진한 이야기와 값진 교훈을 들려준다. 마르크 샤갈이 더없이 간결하게 말하지 않았나. "마음으로 창조하면 거의 모든 것이 제대로 되지만 머리로 하면 거의 아무것도 되지 않는다."

'생각하지 말고 느껴라.
달을 가리키는 손가락처럼,
손가락에만 집중하면 하늘의
모든 장관을 놓치고 만다.'

브루스 리,
〈용쟁호투〉(1973)

기업은 이미 안다. 창의성이 혁신의 중심이고, 혁신이 성장의 원동력이라는 사실을 말이다. 독창성과 혁신이 필수인 비즈니스 세계에서 합리적이고 체계적인 사고에만 의존하다 보면 창의적인 아이디어가 제한되기 마련이다. 직감은 새로운 아이디어와 다양한 개념을 창출하는 데 있어 핵심적이다. 개인과 조직은 직감 덕분에 논리적 사고만으로는 떠올리지 못했을 아이디어를 키우고 과감하게 시도할 수 있다.

우리는 데이터, 분석, 알고리즘, 인공지능이 점점 더 확장되는 세계를 헤쳐 나가고 있다. 이 책을 해독제로, 최소한 잠시 숨을 고를 기회로 삼아 보라. 직감은 무의식에 다가가 예기치 못한 독창적 해결책을 발견하도록 우리를 이끈다. 우리는 특정한 아이디어에 자연스럽게 이끌리는 경험을 하곤 한다. 거기에 왜 끌리는지, 어떻게 끌리는지를 바로 명확히 이해하지는 못하더라도 말이다. 직감 덕분에 우리는 패턴을 식별하고 새로운 연결고리를 발견한다. 또한 새로운 관점으로 문제에 접근하고, 기존 전제에 도전하거나 관습에서 벗어난 해법을 찾는다. 왜 그런지 완전히 이해하지는 못해도 우리는 종종 어떤 것들이 옳다는 느낌을 받곤 한다.

『브랜딩·인사이트·디자인』은 세계적인 브랜드를 창조하고 이끄는 과정에서 발휘된 직감의 힘을 살펴본다. 이를 위해 지난 30년 동안 터너 더 크워스와 여러 방식으로 인연을 맺어 온 재능 넘치고 성공한 이들의 이야기, 칼럼, 이미지, 에세이를 담았다. 필자들은 나름의 방식으로 주제를 풀어낸다. 생각할 거리를 던지는 흥미로운 이야기를 전하기도 하고, 브랜딩 및 디자인 세계의 여러 측면을 짚어 주는 조언과 통찰도 공유한다. 용기와 열정, 머리보다는 마음을 따르는 판단, 확신, 확고한 믿음, 옳다고 느끼는 것을 실천하는 일 등을 다루면서 마음을 따르는 힘에 대해 진심으로 쓴 글들이다. 책 전체의 핵심이 사람과 인간적인 감정인 만큼, 여기서 소개하는 브랜드들이 고객과 그토록 잘 통한 것이 놀랍지 않다.

이 책을 즐기는 데 정답은 없다. 앞에서부터 시작했더라도 중간으로 뛰어넘어도 된다. 뒤에서부터 넘기며 사진만 봐도 좋고, 단번에 책을 쭉 읽어 버릴 수도 있다. 뭘 선택하든, 직감을 따르고 옳다고 느껴지는 대로 하면 된다.

터너 더크워스에 관하여

터너 더크워스는 1992년에 데이비드 터너와 브루스 더크워스가 설립한 디자인 회사로, 세계 유수의 브랜드와 가장 활발하게 협업해 왔다. 아마존, 맥도널드, 코카콜라, 삼성, 심지어 메탈리카에 이르기까지 대중문화에서 가장 중요한 브랜드의 아이덴티티를 창조했다.

터너 더크워스가 누구나 알 정도로 널리 알려진 이름은 아닐지 몰라도, 오늘날 하루라도 그들의 작품을 접하지 않고 지내는 일은 사실상 거의 불가능하다. 이들은 화장지에서 버킹엄 궁전의 초대장까지, 그야말로 모든 것에 영향을 미쳤다.

이들의 디자인은 칸 라이언즈 국제 광고제 첫 수상의 영예를 안았고, D&AD 어워드를 비롯한 디자인 업계 최고의 상을 수없이 받았다. 클리오 어워즈 명예의 전당에 오르는가 하면 그래미상까지 탔다.

그들은 '사업 계획'이란 걸 세운 적도 없었다. 디자인 분야에서 획기적인 방식을 개척하려 하지도 않았다. 이들을 성공으로 이끈 결정적인 한 수 같은 것도 없다. 하지만 직감이 있었고, 항상 더 나은 것을 만들 수 있다는 굳은 신념이 있었다. 그 힘으로 터너 더크워스는 세계에서 가장 성공적인 브랜드들을 만들고 지원하며 성장시켰다.

2019년부터 조앤 챈과 세라 모펏이 터너 더크워스의 놀라운 디자인을 책임지고 있으며, 런던·샌프란시스코·뉴욕에서 스튜디오를 운영하고 있다.

ILIWII

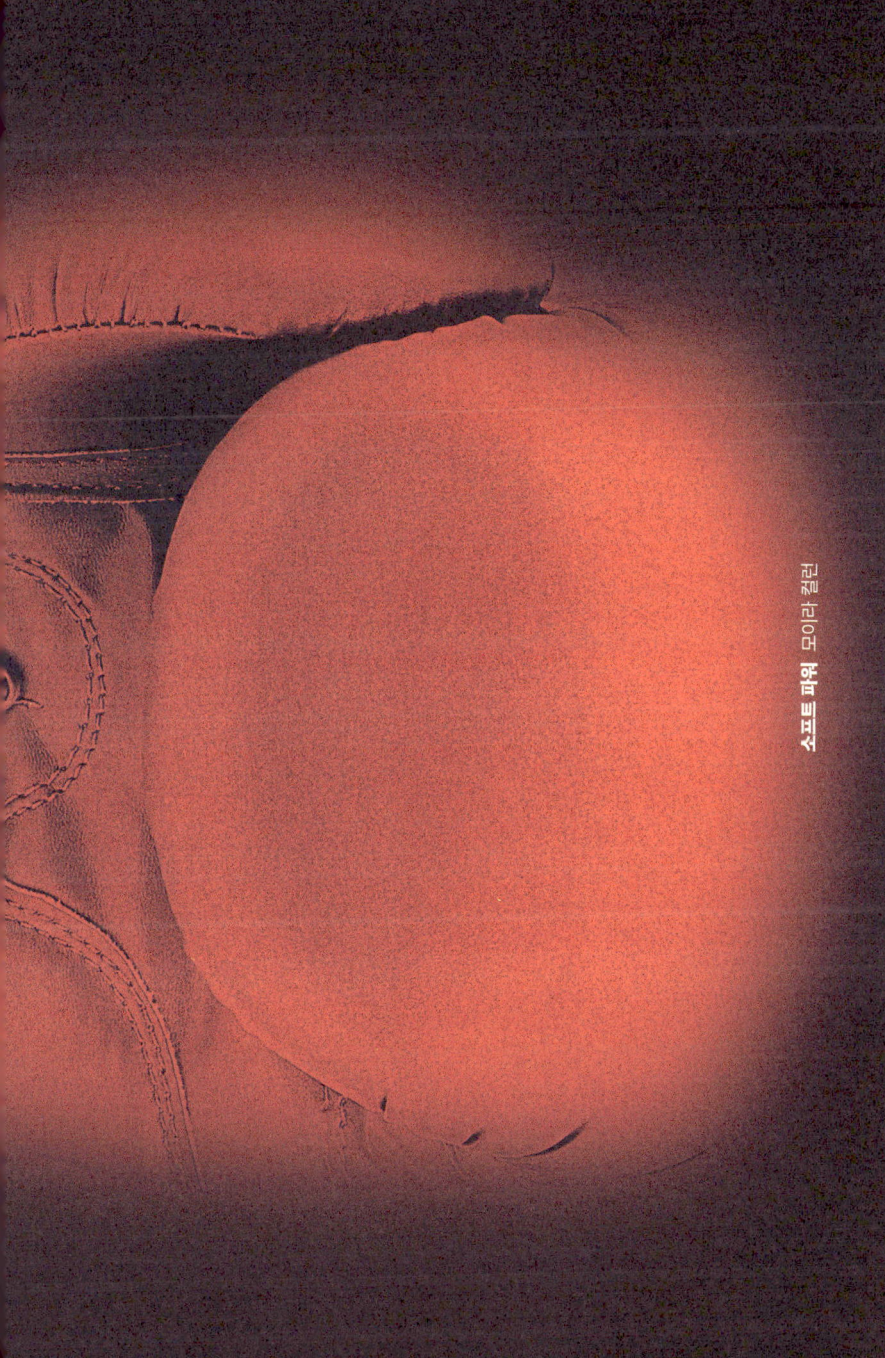

소프트 파워 모이라 컬런

모이라 컬런, 디자인 디렉터, 코카콜라 북미 시장

디자인은 강력하다. 그러나 그 가치는 인식에 좌우된다.

디자인은 변화를 일으킨다. 디자인은 사람, 제품, 조직과 브랜드를 바꾼다. 디자인은 상업적으로 성공을 거두는 데서 점점 더 긴요해진다. 그렇다. 디자인은 강력하지만 그 **가치**는 인식에 좌우된다. 디자인의 영향력은 그 잠재력을 충분히 실현하고자 하는 의지와 실행 능력에 달려 있다.

특히 기업 내에서 디자인을 수호하는 우리는 디자인 콘셉트 한 건이 완성되기까지 마찰에, 아니 심지어 저항에 맞닥뜨린다는 사실을 잘 안다. 세상에 출시된 최종 결과물은 마치 필연적인 결과인 듯 보이곤 하지만, 교묘히 숨겨지는 사실이 있다. 그것이 만들어지는 과정에서 꼬이고 변형되며 간신히 생존한 것이라는 사실 말이다. 알려지지 않은 뒷이야기가 수도 없다. 그 맥락을 이해하는 것이 관건이다.

2005년 말, 문화는 요동치고 있었다. 애플은 새 아이팟을 출시하며 모바일 미디어 영역을 완전히 재편했다. 페이스북과 트위터가 출시돼 소셜 미디어 공간이 확장되었다. 여기에다, 네트워크 TV의 지배 구조를 뒤흔든 유튜브도 있었다. 젊은 창업자들이 설립한 유튜브는 개인이 영상을 올리는 인터넷 사이트로 시작해 하루에 1억 회 이상의 조회수를 기록하며 구글에 16억 5천만 달러에 팔렸다.

게임의 룰이 변했다. 음료 코너는 혁신적인 브랜드에서 출시한 음료수들로 터져 나갈 지경이었다. 기존 제품을 뒤섞은 음료와 참신한 음료에 시장이 술렁거렸다. 에너지 음료, 스포츠 드링크, 기능성 워터, 플레이버 워터, 대체 탄산음료 등이 명확하고 강렬한 디자인으로 주목을 끌었다. 북미에서는 콜라 판매량이 점점 줄었다. 업계 선두였던 코카콜라도 오십보백보였다. 가짜 결로 방울과 녹는 얼음 이미지 같은 진부한 '청량감 표현'에 얽매여 구식으로 보였다.

코카콜라 브랜드는 길을 잃었고, 문화의 아이콘이자 차세대 소비자가 선호하는 음료라는 위치도 위태로웠다. 브랜드에 대한 재평가를 유도하고, 시장에서의 흩어진 입지와 문화적 영향력을 회복해야 하는 상황이었다. 본질적으로 이것은 디자인 문제였다. '이토록 복잡한 현 상태를 어떻

게 원하는 결과로 바꿀 수 있을까?' 동시에 브랜드를 구성하는 요소로서 **디자인**이 얼마나 중요한지 회사가 더욱 절실히 인식하게 만들 절호의 기회기도 했다. 사업 목표는 대표 시장인 북미 지역 시장의 브랜드 및 사업 전략을 주도할 수 있는 시각적 브랜드 언어, 즉 비주얼 아이덴티티 시스템을 개발하기 위한 크리에이티브 브리프 creative brief 로 설정되었다.

나는 터너 더크워스의 샌프란시스코 사무실로 대뜸 전화를 걸었다. 그로부터 우리의 여정이 시작되었다.

물론 당시만 해도 디자인이 브랜드나 비즈니스 문제를 해결해 줄 명확한 '해결책'은 아니었다. 사내 디자인 역량을 키우고 내부 디자인 문화를 만들어 가던 초기라, 북미 시장의 디자인을 이끌기 위해 내가 회사에 합류했다. 마케팅 전문가 피오 슝커가 이끄는 통합 마케팅 부서 소속이었다. 내가 이어받은 소규모 팀은 브랜드·마케팅·영업 부서의 요청을 처리해 왔는데, 주로 전략적이고 일회적인 제품의 라벨이나 패키징 작업이었다. 디자인은 지위도 영향력도 부족했다. 디자인을 마지막 단계의 기능적 자원으로만 사용하는 것이 아니라 브랜드 구축을 위한 전략으로 활용할 수 있도록 내부의 관점을 전환하고 디자인의 힘을 끌어내야 했다.

디자인의 힘? 동료들은 디자인이 단순한 포장이나 로고 그 이상의 것임을, 단순한 장식이 아니며 광고 캠페인과도 다르다는 것을 제대로 이해하지 못했으므로 여전히 그 진가를 몰랐다. 디자인은 전략을 시각화한다. 디자인은 추상적인 비즈니스·마케팅 계획을 구체화한다. 계획이 제아무리 정교한들 사람들은 그것과 사랑에 빠지지 않는다. 소비자들은 제품, 커뮤니케이션, 서비스 등 다양한 접점과 매체, 거래 과정을 통해 의도적으로나 우연에 의해 브랜드를 접한다(그리고 바라건대 그 브랜드를 사랑하게 된다). 이 모든 만남은 디자인을 통해 구현되는 실감 나는 브랜드 경험이다.

디자인을 활용하면 로고·색상·형태·타이포그래피처럼 기억에 남는 독특한 자산들의 체계를 통해 브랜드를 즉시 인식 가능하게 만들 수 있다. 간단한 디자인 원칙(위계, 명확성, 단순성, 규모 등)을 바탕으로 이 시스템은 플랫폼, 채널, 분야를 넘나드는 맞춤형 시각 언어를 구축한다. 그 결과 브랜드의 아이디어에 모든 표현과 실행이 통합된다. 이는 결코 우연히 일어나는 일이 아니다. 터너 더크워스와의 작업은 브랜드의 '시각적 효과'를 높이는 디자인의 초월적인(하지만 여전히 인식되지 않는) 힘을 보여 주게 될 터였다.

"코크는 즐거움을 준다. 코카콜라는 행복 그 자체다"라는 브랜드 아이디어는 탄산의 톡 쏘는 맛과 상쾌함으로 행복감을 느끼는 순간을 포착한 것이었다. 이것이 작업의 핵심이었다. 코카콜라는 단순한 탄산음료 그 이상이었다. 우리의 목표는 이 브랜드가 문화적 리더로서의 자신감을 되찾고, 독보적인 존재로 자리매김하는 것이었다. 그래서 결로 방울과 흐르는 물방울 이미지를 제거하고 브랜드의 생동감 넘치는 빨간색을 드러냈다. 물방울이 만들어 내는 그림자와 둥글게 오른쪽으로 기운 스펜서리안 Spencerian 서체의 상표를 연결하는 복잡한 안팎의 선을 없애

고, 전에 없이 크고 아름다운 대담함으로 그 자리를 채웠다. 병 아이콘의 그래픽을 재구성하고 세심하게 다듬었으며, 리본은 절제해 사용하여 병의 매끈한 형태를 복원했다. 현대적이면서 클래식한 서체는 브랜드의 허세 없는 목소리를 완벽하게 표현했다. 결과물은 놀라웠다. 유연하고 진정성 넘치며 창의적이었다. 복잡했던 것이 이제는 명료해졌다. 코카콜라 브랜드의 단순하고 독창적인 울림은 복잡한 시장의 소음 속에서 뚜렷하게 부각될 것이다.

그리고 셀인 sell-in*이 시작되었다.

대부분의 대규모 조직과 마찬가지로, 코카콜라도 예측 및 통제 가능한 정형화된 모델에 따라 운영된다. 효율성을 높이기 위한 프로세스와 매뉴얼이 정립되어 있고, 명확하면서도 좁은 범위에 집중하는 논리적이고 직선적인 사고를 지닌 사람들이 조직을 이끈다. 이는 발산적이고 생성적인 디자인의 특징과 정반대다. 디자이너로서 우리는 맥락과 은유 속에서 폭넓게 사고하며, 부분과 전체 사이의 관계를 포착한다. 훈련 때문이든 기질 때문이든, 이러한 좌뇌-우뇌의 차이는 단순한 주의 집중 선호도를 넘어선다. 신경학적으로 보면, 이처럼 서로 다른 사고 방식은 세상을 해석하고 경험하는 매우 상이한 두 가지 방식으로 설명된다. 단기적으로 작게 보는 분할형 사고와 전체를 보고 시스템을 이해하는 통합적 사고. 이 두 가지 사고방식은 서로 갈등하며, 양립할 수 없어 보인다. 바로 그것이 우리가 의사 결정의 복잡한 미로 속에서 위아래와 사방으로 장벽에 가로막혔던 이유다.

하지만 디자인에서 맥락적 지능과 공감적 통찰력은 필수다. 스티브 잡스의 사랑받는 명언을 되새겨 본다. "디자인은 인간이 만든 창조물의 영

---

* 제조사에서 유통사로 판매하는 과정

혼이다." 참으로 아름다운 신념이다. 그럼에도 회사의 창조물에 생명을 불어넣는 디자인의 본질적이면서도 규정하기 어려운 인간적 힘은 논리적인 의사 결정 과정에 자동으로 반영되지 않는다. 그래서 디자인과 디자이너들은 현상 유지에 집중된 효율성 위주의 사고방식을 바꾸려 적극적으로 애써야 한다. 디자인의 영향력을 높여서 행동의 변화를 유도하고 욕망의 본질을 반영하는 미래의 비전을 실현할 수 있는 결정을 이끌어 내야 한다.

기존의 권력 관계는 우리에게 불리했다. 비즈니스 세계에서 합리적 문화의 지배력은 뿌리 깊고도 지배적이다. 수적으로 열세였던 우리는 수많은 데이터로 기습 공세를 해 오는 발표에 짓눌렸다. 몇몇 회의는 전쟁과도 같았다. 비즈니스가 실제 전쟁은 아닐지라도, 은유적 표현이 언어와 행동을 창출하곤 한다. 제품은 출시launch되고, 시장은 전장battled over이 된다. 소비자는 겨냥aim하고 명중hit해야 할 타깃이다. 이러한 전장에서 디자인의 가치는 무엇일까? 만약 디자인이 단지 군복을 꾸미는 것과 비슷하다고 믿는다면, 그 가치는 미미할 것이다.

나는 디자인(작업과 나의 팀)이 성공하려면 권력을 이해해야 한다는 사실을 일찌감치 깨달았다. 내가 가장 큰 부서를 운영하거나 가장 많은 예산을 쥐거나, 가장 방대한 영향력과 가장 큰 목소리로 명령을 내릴 수는 없을 것이기에. 그래서 디자이너들이 그러듯이, 호기심을 따라갔다. 나는 모든 사람과 모든 것을 관찰하고, 그 관찰을 통해 배웠다. 그러면서 카를 폰 클라우제비츠의 저서인 『전쟁론On War』과 그가 주창한 이성·우연·감정을 접했다. 이 놀라운 삼위일체는 여전히 전쟁뿐만 아니라 상업의 본질과 특성을 이해하는 강력한 도구다. 전쟁처럼, 상업 역시 "인간의 이해관계와 활동이 충돌"하는 것이기 때문이다.

전쟁처럼 비즈니스도 변해 왔다. 21세기의 전쟁은 예측하기도 어렵고 힘의 균형도 깨져 있다. 이제 규모(가장 큰 군대 또는 시장 내에서 가장 독보적인 우위)는 예측 불가능한 외부 세력이나 갑자기 튀어나와 시장을 뒤흔

디자인은 소프트 파워다. 이 정의는 디자인 작업과 그 과정을 모두 완벽하게 설명한다. 디자인은 사람에 의해, 사람과 함께, 사람을 위해 이루어지기 때문이다.

드는 스타트업, 브랜드를 겨냥한 140자짜리 온라인 폭격 같은 것들로부터 안전하게 지켜 주지 못한다. 군사 용어로 말하자면 뷰카VUCA 세계, 즉 변동적이고 Volatile, 불확실하며 Uncertain, 복잡하고 Complex, 모호한 Ambiguous 세계가 되어 가고 있다. 권력은 맥락에 따라 달라지며, 권력의 역학도 요동친다.

그렇다면 권력이란 무엇인가? 권력은 누군가가 원하는 결과를 달성하기 위해 다른 사람들의 행동에 영향을 미치는 능력이다. 이렇게 간단하다니. 하지만 그 일이 어떻게 가능할까? 채찍이나 당근으로, 위협이나 보상으로, 명령과 통제로 원하는 결과를 달성하려 했던 전통적인 하드 파워는 힘이나 측정 가능한 자산을 기반으로 하는 현실적 권력이었다. 나는 다른 접근법에 끌렸다. 소프트 파워에 말이다. 이는 내가 원하는 결과를 다른 사람들도 원하도록 만드는 힘이다. 명령이나 강요를 하는 대신, 공유된 가치를 기반으로 한 매력으로 협력하게 만들어 행동과 반응을 이끌어 내는 것이다. 소프트 파워는 매력적인 힘이다. 그것은 신뢰를 기반으로 영향력을 미친다. 이는 타인의 마음을 바꿀 수 있는 능력에 뿌리를 둔다. 빙고.

디자인은 소프트 파워다. 이 정의는 디자인 작업과 그 과정을 모두 완벽하게 설명한다. 디자인은 사람에 의해, 사람과 함께, 사람을 위해 이루어지기 때문이다. 또한 이 정의는 디자인의 힘과 목적이 무엇인지 명확하게 보여 준다. 비즈니스를 전쟁에 비유할 때 디자인이 왜 필요하고 어떻게 쓰이는지를 말이다. 인간 중심적이며 가치에 기반한 디자인은 머리·손·마음이라는 세 축으로 이루어진다. 즉 사고하고 만들고 배려하는 것이다. 이러한 디자인은 충격과 경외보다 놀라움과 기쁨을 우선시한다.

소프트 파워는 나의 (은밀한) 운영 사고방식이 되었다. 우리는 그들(내부와 외부의 다양한 동료들)에게 우리가 원하는 것을 강요할 수는 없지만, 그들을 초대하고 매료해서 우리의 목표를 원하게끔 만들 수는 있었다. 그러기 위해 공감, 시각화, 스토리텔링을 이용했다. 우리는 목업mock-up을 만들고, 수없이 프레젠테이션을 준비했다. 우리가 결정한 모든 디자인 요소를 전략과 브랜드 아이디어와 연결하는 언어를 신중히 골라 썼다. 우리의 '왜'는 모호한 디자인 용어로 포장한 개인적 취향이 아니라, 여러 점을 연결하고 진정성 있고 통합된 브랜드 경험을 설계하는 명확하고 창의적인 논리였다. 우리는 복도에서 만났을 때, 엘리베이터에서 대화를 나눌 때, 부수적인 논의 자리든 정식 회의든 기회만 생기면 신뢰를 쌓으려고 노력했다. 크고 작은 모든 테이블에서 우리는 프로젝트, 부서, 팀 사이의 공동 서사를 엮어 나갔다. 우리(디자인)는 그들과 브랜드의 목표를 달성하도록 돕기 위해 거기 있었다.

R&D 부서에서 개발한 재활용 알루미늄 컨투어 병*은 브랜드의 매력을 끌어올리는 핵심 도구가 되었다. 초기 시제품을 본 뒤, 우리는 터너 더 크워스에 새로운 디자인을 실제 제품에 적용하면 어떤 모습일지 시각적으로 구현해 보자고 제안했다. 빨간색, 검은색, 은색(각각 코카콜라 일반, 코카콜라 제로, 다이어트 코카콜라) 라인업이었다. 이 병들은 조각품 같고 상징적이고 대담했으며, 반짝이는 색상의 형상 위로 로고가 둘러싸고 있었다. 이것이 이 브랜드의 미래였다. 노트북에 저장된 컬러 이미지와 검은색 메신저 가방에 담긴 병 시제품이 내 무기였다. 거의 모든 회의에서(적어도 하루에 한 번) 그리고 기회가 날 때마다 나는 그 이미지를 슬쩍 보여 주거나 병 실물을 꺼내 놓았다. 사람들이 브랜드가 나아갈(또한 디자인이 원하는) 미래의 가능성을 느끼며 전율하도록 말이다. 우리는 더 친숙해지고, 관계를 넓히고, 신뢰를 쌓으면서 차츰 더 선명히 눈에 보이고(또한 가치 있게)

* 코카콜라의 대표적 상징인 곡선형 모양의 유리병

다가오는 공동의 목표로 그들을 끌어들이고 있었다.

마침내 터너 더크워스의 작품은 2008년에 칸 라이언즈 국제 광고제에서 처음 신설된 디자인 부문 그랑프리를 수상했다. 그 작업은 마치 대단한 노력 없이 완성된 것처럼 보였다. 이 디자인은 명확하지 않았던 것을 명확하게 만든 것이었고, 유산을 아이콘으로 승화한 것이었다. 심사위원들은 이 출품작이 거대한 다국적 브랜드를 대표했다는 사실에 집중했다. 코카콜라 같은 회사에서 이런 작업을 하려면 용기가 필요하다고 말하기도 했다. 그야말로, 진정, 용기였다. 대담한 창의성으로 기존의 틀에 도전한 대규모 작업이었다.

우리의 작지만 끈기 있는 디자인 팀(리사 모토, 헤이즐 밴뷰런, 그리고 불굴의 프레더릭 칸)은 이 작업과 관련 프로젝트를 처음부터 끝까지 창의적인 용기로 이끌었다. 변화에 저항하는 힘 앞에서도 디자인 고유의 힘을 거듭 발휘했다. 그 유산은 무엇이었을까? 프레더릭 칸은 이렇게 말했다. "우리는 디자인이 비즈니스에 실질적으로 기여한다는 것을 증명해 얻은 '소프트 파워'와 그로 인해 영입할 수 있었던 인재들을 발판으로 계속 발전해 나갔다." 이 모든 곳에서 정말로 영향력을 발휘했다.

그렇다. 디자인은 변화를 일으킨다. 디자인은 (소프트) 파워이며, 사람들의 이성과 감성을 사로잡아야 하는 끝없는 싸움에서 없어서는 안 될 힘이다.

소프트 파워 | 모이라 컬런

스마일의
A부터 Z까지

**조앤 챈,
앤서니 바일스**

조앤 챈, 터너 더크워스 최고 경영자

아마존 로고 디자인은 지난 20년 넘게 변하지 않았다.

지난 20년 넘게 변하지 않은 아마존 로고는 터너 더크워스의 유명한 디자인 중 하나로, 이 회사 역사상 가장 신속하고 성공적이며 지속 가능하게 만들어진 브랜드 디자인 프로젝트다. 이 프로젝트는 이른바 '서비스의 세 가지 딜레마'를 깼다. 빠르면서도 품질 좋고 저렴하기까지 한 서비스란 일반적으로 불가능한 일로 여겨지지만, 아마존 로고 디자인은 세 요소를 모두 충족했다. 어떻게 그럴 수 있었을까?

신뢰받는 고객, 신뢰받는 에이전시

당시 아마존의 마케팅 담당 부사장이었던 잘레 비샤라트가 연락했다. 그녀가 전 직장에 있을 때 로고 디자인 작업을 함께한 적이 있었다. 비샤라트는 지적이고 결단력도 있고, 브랜드 전략 전문성까지 갖춘 이상적인 고객이다. 성공적으로 협업한 경험이 있었으니 우리는 디자인 개요를 설명하는 프레젠테이션조차 할 필요가 없었다. 이미 쌓아 둔 신뢰가 성공적인 프로젝트의 출발점이 되었다.

비샤라트는 처음으로 재계약한 클라이언트였고, 아마존을 떠나 오픈테이블OpenTable로 이직했을 때는 세 번째 일을 의뢰해 왔다. 그것을 시작으로, 터너 더크워스는 클라이언트들이 어디로 가든 함께했다. 이런 관계는 소중하다. 계속 의뢰를 받을 수 있어서만이 아니라, 새로운 고객을 소개받는 중요한 기회가 되기도 했다. 최고의 신규 비즈니스 피칭*은 피칭을 할 필요조차 없는 것이다. 고객 입장에서는 여러 번 기대에 부응해 신뢰가 쌓여 있는 파트너가 최고의 에이전시이고 말이다. 이런 신뢰가 고객에게 확신을 주고 진정한 윈윈 관계를 만든다.

명확하고 간결한 요청

아마존은 원래 책을 팔던 회사로, 당시 CD와 DVD(이것들이 뭔지 기억

---

* 아이디어와 계획을 초기 단계에 발표하는 것

나는가?) 판매를 막 시작한 상태였다. 그 당시 아마존은 더 빠른 배송을 위해 선구적으로 물류 센터를 구축하고 있었다. 토이저러스와의 파트너십 발표도 몇 달 앞으로 다가온 상황이었다. 그런데 로고 디자인 요청서에는 사업 확장에 관한 이러한 내용이 빠져 있었다.

데이비드 터너와 나는 아마존 본사로 직접 찾아가 제프 베이조스에게 브리핑을 받았다. 그는 당시 유명하지도 않았고 전혀 겁나는 인물도 아니었다.

요청서는 딱 한 장짜리였다. 거기에는 디자이너에게 영감을 줄 이미지도, 경쟁 환경을 설명해 주는 정보도, 고객을 어떻게 세분화하는지 설명하는 데이터도 없었다. 무엇보다 겹친 원이 그려진 벤 다이어그램도 없었다.

과제는 복잡하지 않았고, 두 가지로 요약됐다. 첫째, 회사는 고객 서비스에 최대한 집중한다. 소비자에게 도움이 되지 않는 건 전부 불필요하다. 이를 입증하는 사례를 알려 달라고 하니, 배송용 자재를 2도로 인쇄하자는 마케팅팀 제안을 비용만 더 들고 소비자에게도 별 이익이 없다며 채택하지 않았던 사례를 들려 줬다.

둘째, 비전은 궁극적으로 '모든 것'을 판매하는 것이다. 아마존이 앞으로 어떤 제품을 팔 계획인지 물었더니, 베이조스는 '가구'라고 답했다. 책과 CD 같은 작은 물건을 팔다가 가구처럼 큰 물건까지 판다는 게 다소 무리 같았지만, 그의 비전이 어떻게 실현되었는지는 현재 우리 모두 아는 바다.

명확하고 간결한 요청은 디자이너에게 성배와 다름없다. 다만 그 요청은 거짓이나 과장 없이 진실해야 한다. 아마존의 요청서는 단순하고 100퍼센트 진실한 것이었으며, 그들이 사업을 어떻게 꾸려 가는지가 이를 뒷받침했다.

우리는 디자인 콘셉트 세 가지를 들고 다시 찾아갔고, 베이조스는 첫 번째 회의에서 최종 디자인이 된 것을 선택했다. 물론 이후에 발전시키고 다듬어 나갔지만 말이다. 디자인의 단순함은 아마존의 요청에 완벽하게 부합했다. 고객 서비스를 상징하는 미소 표시가 'Amazon'이라는 단어 안에서 A부터 Z를 이어 주는 형태였다. 'A부터 Z까지 모든 것을 제공한다'는 숨겨진 의미를 아마존은 공개적으로 강조하지 않았다. 이 부분은 페덱스 로고 속 화살표처럼 그저 발견되도록 놔두었다. 이처럼 단순한 이미지 안에 숨겨진 창의적 아이디어는 이를 알아챌 만큼 예리한 사람들에게 즐거움을 선사한다. 그것이 소비자에게 긍정적인 감정을 불러일으키며, 그들의 기억과 마음속에 자리 잡게 되는 것이다.

'이 로고를 좋아하지 않는 사람은 강아지도 좋아하지 않을 것이다!'
— 제프 베이조스

유능한 리더

프로젝트는 최종 책임자에 의해 살거나 죽는다. 이 프로젝트가 얼마나 많은 데이터로 뒷받침되든, 규모도 크고 경험도 풍부한 마케팅팀이 얼마나 탄탄하게 사업 계획을 세우든, 디자인 에이전시가 얼마나 뛰어나든 상관없다. 그가 초기 계획에 동의하지 않거나 창의적인 과정에 동참하지 않으면 그 프로젝트는 완전히 실패하고 만다.

무엇보다 중요한 것은 최종 책임자가 개인적인 취향이 아니라 사업 목표에 집중하는 것이다. 최고경영자로부터 절대로 듣고 싶지 않은 말이 있다. "내 아내가 이 색상은 마음에 들어 하지 않아요.", "내 친한 친구에게 보여 줬더니, 가물가물하게 어떤 브랜드인가가 떠오른대요." (내가 실제로 고객들에게 들어 본 말이다.)

대기업 브랜딩 작업에는 항상 각자의 역할을 가진 핵심 이해관계자들이 참여한다. 물론 의견을 조율하는 것은 중요하지만, 최고로 창의적인 결과물조차 회의나 소비자 리서치를 거쳐 폐기되는 일이 허다하다.

제프 베이조스는 확고했고 비즈니스 목표에 집중했다. 회의실에는 다른 사람도 있었지만, 그가 두 번째 디자인 발표에서 제안한 콘셉트를 승인한 다음 마케팅팀이 새 로고에 대한 신호도 조사를 해야겠느냐고 묻자 그는 이렇게 대답했다. "이 로고를 좋아하지 않는 사람은 강아지도 좋아하지 않을 겁니다!" 말하자면 이런 대답이었다. '필요하면 조사를 진행해도 되지만 a) 나는 이미 결정을 내렸고, b) 우리가 옳다고 확신하는 것을 다른 사람의 의견 때문에 바꾸지는 말자.'

최고의 리더는 용기와 확신을 지니고 있으며, 명확하게 결정한 사업 목표에 부합하는 창의적인 해결책을 자신의 개인적인 취향을 들이밀며 방해하지 않는다.

브랜드의 상징이 되는 미래를 정의하라

첫 디자인 발표 때, 데이비드 터너는 베이조스와 그의 마케팅팀 앞에

서 비전이 담긴 슬라이드를 보여 줬다. 아마존의 브랜드 이름은 빼고 미소 모양의 로고만 단독으로 인쇄된 갈색 상자 이미지였다. 그 아이디어대로 스마일 로고는 이제 어디서나 볼 수 있게 되었다. 트럭에서, 상자에서, 스마트폰 앱 아이콘에서, 광고에서 이미 수백 번 아니 수천 번도 더 보았을 것이다.

브랜드명 없이 로고가 독립적으로 인식될 가능성을 시각화해 보여 주는 것은 디자인의 힘으로 설득하는 매우 강력한 방법이다. 이 방법으로 브랜드의 미래를 정의해 성공으로 가는 길을 보여 주었고, 베이조스는 이 비전의 중요성을 이해했다. 아마존이 빠르게 상징적인 브랜드로 자리 잡으리라는 것도. 미래상을 함께 시각화한 덕분에 그들은 그 결정에 더욱 확신을 가질 수 있었다.

아마존 프로젝트를 끝내고 2년 뒤, 나는 결혼식을 올렸다. 결혼 선물을 집 말고 사무실로 보내 달라고 한 터라, 주방용품이나 식기를 담은 택배 상자들이 사무실에 피라미드처럼 쌓였다. 아마존 상자는 여러 업체에서 배송된 민무늬 상자 더미에서 단연 돋보였다. 요즘은 내가 아마존에서 주문해 놓고도 아마존 상자가 배달되면 선물 상자를 받는 것 같다. 스마일 때문이다. 괜히 더 미소를 짓게 되는 건, 그 미소가 20여 년 전 디자인 초기 단계부터 선보였던 사실을 알기 때문일 것이다.

창의성은 팀워크에서 나온다

우리 에이전시는 1999년 이후로 많은 발전을 이루었지만, 여전히 변하지 않는 진리가 하나 있다. 바로 창의적인 작업은 팀워크의 결과라는 것이다. 우리는 어느 고객의 전 직장에서 함께한 작업 덕분에 아마존이라는 큰 프로젝트를 따낼 수 있었다. 디자이너들은 최고의 디자인을 뽑아내려고 서로 경쟁하며 노력했다. 최종 선정된 디자이너 역시 선배와 동료들의 창의적인 방향성과 조언을 참고했다. 최종 발표는 데이비드 터너와 내가 아마존 본사에 가서 직접 진행했다. 20년이 흐른 지금의 터너 더크워스에 비하면 당시의 우리 팀은 매우 작은 규모였다. 하지만 원칙은 동일하며, 그때로부터 쌓은 경험은 수십 년이 지난 지금까지도 많은 사랑을 받는 상징적인 브랜드를 만드는 데 쓰이고 있다.

앤서니 바일스, 터너 더크워스 전 디자이너

디자인 작업 이야기 — 앤서니 바일스

아마존 로고는 치열한 사내 경쟁을 거쳐 탄생했다. 재능 있는 디자이너들이 서로 경쟁해 고객사에 제안할 디자인을 선정하는 것이 터너 더크워스의 방식이다. 나는 타고난 승부욕도 있었지만, 나와 함께 일했던 최고의 디자이너들을 움직인 동일한 동력에 이끌렸다. 추격의 짜릿함, 내 디자인이 선택되어 실제 세상에 출시되리라는 기대감 말이다.

아마존에 딱 맞는 정체성을 찾기 위해 우리는 온갖 콘셉트를 탐색했다. 아마존강이나 아마존 전사 등등 이름을 활용해 보기도 하고, 온라인 소매업의 특징을 살려 쇼핑 카트나 바구니 같은 상징에 초점을 맞춰 보기도 했다. 이 스마일 콘셉트는 더 감성적으로 접근해 얻은 것이다. 우리는 이렇게 질문했다. '아마존은 무엇을 하는가?' 그 답은 이것이었다. '더 많은 선택지를 주고, 더 싸게 사도록 해 주며, 문 앞까지 배달해 준다.' 한마디로, 아마존은 우리를 행복하게 한다.

내가 스마일 로고를 스케치하기 시작했을 때, 시계 제작자인 아버지의 말씀이 떠올랐다. "좋은 시계 가게에서는 가게에 있는 시계들의 바늘이 모두 10시 10분을 가리키고 있단다. 시계들이 미소를 짓고 있지."

이 단순한 기호학적 관찰에서 로고의 핵심 그래픽 아이디어가 나왔다.

아마존의 기존 로고 밑에 있던 아래로 향한 곡선을 뒤집어 더 '웃는' 형태로 만드는 쪽이 내게는 전반적으로 자연스러워 보였다. 스마일 이미지를 더 명확히 하기 위해 볼에 보조개를 추가했으며, 서체의 모서리를 전부 둥글게 처리해 더욱 부드럽고 친근하되 독창적인 느낌을 실었다.

아마존 서비스의 실용적인 측면보다는 브랜드의 본질에 기반을 둔 덕분에 이 디자인은 다른 콘셉트들과 차별화되었다. 가장 중요한 브랜드의 진실을 끌어내 시각화했고, 당시의 트렌드에 휩쓸리지 않아 오래 갈 힘을 얻었다.

데이비드 터너, 브루스 더크워스

쉽게
좋아할 수 있는 것
만들기

PRO/AM

GOLF CHALLENGE IN AID OF ROTARY CHARITIES
AT CAMBERLEY HEATH GOLF CLUB ON MONDAY JUNE 10 1991
ASK FOR DETAILS: ROTARY CLUB OF CAMBERLY (0252) 877995. PRO SPORT MANAGEMENT (0702) 230-231

ROTARY CLUB OF CAMBERLEY

데이비드 터너, 브루스 더크워스
터너 더크워스 창립자들

어린 시절부터 사람들이 좋아하는 것을 만들고 싶었다. 그래서 우리는 그래픽 디자이너가 되었다.

"정말 마음에 들어!" 부모님, 선생님, 고객, 시상식 심사위원, 소비자 좌담회의 누군가가 말한다. 세계적인 브랜드를 위해 작업한 드로잉이나 그림, 또는 패키지나 로고를 보면서 말이다. 어린 시절부터 사람들이 좋아하는 것을 만들고 싶었다. 그래서 우리는 그래픽 디자이너가 되었다. 우리가 만든 작품을 어디서든 볼 수 있다는 큰 꿈을 꿨다. 수많은 사람들이 좋아하는 디자인을 만들고 싶었다.

우리가 선택한 것은 브랜드 디자인이었다. 비즈니스에 감성적 매력을 더하는 일이라는 점에 이끌렸다. 사람들이 진심으로 좋아하는 브랜드는 압도적인 경쟁력을 갖는다. 기술 발전에 따라 사람들이 브랜드를 접하고 그 브랜드와 상호 작용하는 방식이 변화하면서, 디자인은 점점 더 중요해졌다. 디자인은 어디에나 존재한다. 디자인을 건너뛸 수도, 소거할 수도, 걸러 낼 수도 없다. 디자인은 단순한 판매 전략이 아니다. 유용하면서도 실제로 사람들이 좋아하는 것, 그리고 경험을 만드는 일이다.

우리는 포장 디자이너로 직장 생활을 시작했다. 포장을 디자인하는 건 보기보다 훨씬 더 복잡한 일이다. 포장은 제품 보호, 운반, 진열 등 실용적인 부분을 담당한다. 그러면서 감성에 호소할 줄도 알아야 한다. 브랜드 커뮤니케이션 요소 가운데 유일하게 소비자의 집 안으로 들어가 생활의 일부가 되는 것이 포장이니 말이다. 그러므로 이해하고 사용하기 쉬우면서도 바쁜 쇼핑객들이 무의식적으로 상품을 구매하도록 유도할 수 있는 디자인이어야 한다. 포장 디자이너는 지속 가능성, 인쇄 기술, 문화 트렌드, 상표법에 이르기까지 그야말로 모든 걸 이해해야 한다. 그리고 그 모든 요소를 창조적으로 융합해 명료하면서도 결코 지나칠 수 없는 디자인으로 완성하는 것이다.

고객사를 설득하기 위해, 우리는 패키지를 디자인할 때의 접근법을 브랜드 전반으로 확장해 보여 주었다. 그렇게 하면 브랜드 전체가 마치 하나의 패키지처럼 명확하고 강한 인상을 줄 수 있었다.

처음부터 우리는 손발이 잘 맞으리라는 걸 알았다. 우리가 비슷한 야

망을 품어서가 아니었다. 서로를 진심으로 좋아했기 때문이다. 절대로 일 때문만이 아니었다. 우리는 관심사가 겹쳤고, 비슷한 인생을 살았으며, 자주 함께 웃었다. 나중에는 우리의 아내와 아이들도 서로 잘 지냈다. 우리는 즐겁게 일했다. '전략 회의'는 늘 마티니 한 잔으로 시작했다. 그 우정 속에서 우리는 서로를 신뢰하고 존중하고 선의의 경쟁을 펼쳤다. 이러한 가치 위에 우리의 브랜드를 쌓아 올렸다. 우리는 친구로서, 서로를 실망시키고 싶지 않았다. 또한 동업자로서, 서로에게 "대단해!"라는 말을 듣는 것을 최고의 영예로 여겼다.

누군가 사랑한 것은 모두가 좋아하게 된다.

우리의 디자인을 수백만 명이 좋아하길 바랐지만 초기에는 소수에게만 선보일 수 있었다. 그러나 우리는 늘 같은 공식을 따랐다. 스타일이 아니라 아이디어에 관한 공식이었다. 주의를 기울인 사람들에게 보상을 주고 더 오래 기억되도록, 어쩌면 웃음까지 띠도록 시각적 재치를 더하는 것. 우리는 호감이란 '어떻게 보이는가'가 아니라, '어떻게 느껴지는가'에 달렸다는 사실을 알고 있었다.

우리는 서로 다른 대륙으로 떨어져 각기 다른 영향 속에 살게 됐다. 사무실을 각자 독립적으로 운영하면서도 서로를 든든하게 받쳤다. 떨어져 지내다 보니 감정의 흐름이 어긋나기도 했다. 한쪽이 우울할 때면 다른 쪽이 격려했다. 그 덕분에 힘든 시기를 견딜 수 있었고, 좋은 순간은 더욱 빛났다. 물리적 거리가 멀었음에도 불구하고, 어쩌면 그 거리 덕분에 우리의 우정은 더욱 깊어졌다. 창의적 측면에서나 경제적 측면에서나, 우리는 함께하면 둘이 아니라 셋 이상의 효과를 낼 수 있었다. 우리는 모든 것을 공유했다. 둘 다 옳다고 느낄 땐 그 직감을 믿었다. 이후 더 큰 일들을 맡게 되면서 우리는 사람들과 그들의 감정에 대한 수많은 데이터를 접했다. 우리의 작업은 종종 소비자 테스트를 거친다. 성공을 보장하기 위한 과정이었지만, 그것이 창의성을 보장해 주진 않았다. 그 모든 데이터는 단지

직감에 영향을 주는 요소에 불과했다. 우리는 여전히 우리의 직감을 더 신뢰했다.

직감은 창의성의 필수 요소로, 합리적인 사고 과정은 건너뛰고 우리의 잠재의식을 활용하여 새로운 길을 발견하게 해 준다. 축적된 경험과 정보에다 예상치 못한 영감이 뒤섞여 만들어지는 것이 직감이다. 합리적 사고는 노력이 필요한 데 비해 직감은 그냥 일어나는 듯 간단해 보일 수도 있다. 하지만 직감은 키우고, 연습하고, 믿어야 하는 능력이다.

우리는 직감이 성공으로 이어질 때마다 우리의 창의성을 점점 더 확신했다. 그러나 그 확신이 절대적인 것은 아니어서, 우리는 언제든 '들통날' 수도 있다고 농담하기도 했다. 그래서 우리의 작업이 최선인지 확인하기 위해 디자인 어워드에 출품했다.

디자인 어워드는 난해하다거나 엘리트주의적이라는 비판을 받기도 한다. 심사위원들은 창의성의 경계를 확장하는 작업, 즉 전례 없는 아이디어를 찾는다. 심사 때 시장 상황을 고려하지 않는다 하더라도, 업계 최고라고 인정받는 심사위원들을 만족시키기란 여간 어려운 일이 아니다. 수상작은 그 시대 최고 디자인의 기준이 된다.

우리의 디자인이 상을 받고 큰 호응을 얻을 때마다, 우리가 다른 수많은 디자이너들에게 영향을 미칠 새로운 기준을 세웠음을 실감했다. 큰 브랜드들이 아름답게 디자인될수록 세상은 조금씩 더 즐거워진다. 우리의 긍정적 영향력을 확신한 계기가 있었다. 실제 어느 회사의 디자인이든 상관없이, 명료하고 깊이 있고 완성도 높은 대형 브랜드 리디자인을 보면 동료 디자이너들이 이렇게 말했던 것이다. "완전히 터너 더크워스네."

우리는 상을 받는 것이 목표가 아님을 절대로 잊지 않는다. 우리가 추구하는 바는 어디서든 브랜드가 명확하게 식별되도록 하는 것, 그 브랜드를 대신해 사람들이 좋아할 만한 걸 만드는 것이다. 훌륭한 브랜드 디자이너는 브랜드를 독특하게 만들어 주는 요소들을 사랑하며, 그것이 진정으로 특별하게 느껴지도록 공들여 다듬는다. 브랜드 디자인을 진정으로

사랑할 수 있는 건 브랜드 디자이너뿐일지도 모른다. 그러나 아름답게 완성된 디자인 속에 담긴 애정은 누구에게든 느껴지기 마련이다. 누군가 사랑한 것은 모두가 좋아하게 된다.

    결국 우리는 목표를 이뤘다. 우리가 터너 더크워스에서 해낸 많은 작업은 수백만 명에게 닿았다. 모든 디자인이 다 그렇진 않아도 대부분 좋은 반응을 얻었다. 무엇이 차이를 만드는지는 명확하다. 성공적인 디자인은 호감이 간다. 호감 가는 사람과 똑같다. 친근하고, 매력적이고, 진정성 있다. 이해하기 쉬우면서도 다소 독특해서 주목을 끌기도 한다. 디자인이 시들한 반응을 얻는다면 지나치게 복잡해 이해하기 어려워서인 경우가 많다. 개성이 부족하거나 멋져 보이려고 과하게 애쓰는 경우도 그렇다. 우리가 아무리 많은 고민과 정성을 쏟았더라도, 가장 자랑스러운 결과물은 자연스러운 매력을 가지고 있으며 힘을 전혀 들이지 않은 듯한 인상을 준다. 그걸 여러분도 좋아해 주셨으면 한다.

팬덤

모건 플래틀리

i'm lovin' it
i'm lovin' it
i'm lovin' it
i'm lovin' it
i'm lovin' it
i'm lovin' it

모건 플래틀리, 맥도널드 글로벌 마케팅 최고 책임자 겸
신사업 총괄 부사장

팬덤이 팬덤을 부른다.
그럼으로써 브랜드와의
유대감도 더 깊어진다.

맥도널드 창립자인 레이 크록은 이미 20세기 중반에 이렇게 선언했다. "우리는 햄버거를 파는 게 아니라 재미를 판다." 오늘날까지도 이 말은 여전히 유효하다. 물론 맥도널드는 외식 기업이고, 전 세계 100여 개국에서 매일 7천만 명 넘는 고객에게 음식을 내는 일이 주된 업무다. 하지만 동시에 더 넓은 역할도 맡고 있다. 문화적 아이콘으로서 고객에게 즐거움과 오락과 '행복의 환상'을 선사하는 일 말이다.

맥도널드에서 '사랑'이라고 하면 나는 곧장 '팬덤'을 떠올린다. 고객들이 우리 브랜드와 연결되고 즐기며 함께 축하하는 방식으로서 말이다. 그리고 우리 팬들은 모든 계층에 걸쳐 있다. 연예인, 정치인, 스포츠 스타는  물론이고 여러분이나 나 같은 평범한 사람들까지. 누구든 맥도널드의 팬이 될 수 있다. 맥도널드는 세상에서 가장 민주적인 브랜드 중 하나니까. 맥도널드는 단순히 '모두를 위한' 브랜드를 넘어, '모두에게 속한' 브랜드다. 바로 우리의 팬들에게. 대표 상품, 프로모션과 광고, 파트너십과 후원, 소셜미디어 활동, 멤버십 제도를 통한 고객 관리 등 우리의 전 세계적 마케팅의 핵심은 팬덤을 진정성 있게 세상에 내보이는 것이다.

무엇보다 중요한 것은 우리 브랜드가 세상에 어떻게 보이느냐다. 터너 더크워스가 맥도널드의 글로벌 비주얼 아이덴티티를 정의하고 구현하는 데서 핵심적인 역할을 했다. 장난기, 명랑함, 자신감 있는 겸손함. 이것은 우리 팬들이 브랜드를 접하고 경험하며 즐기는 방식과도 일치한다. '즐기는 것'은 여러 형태로 나타날 수 있다. 어떤 사람은 맥도널드에서 결혼식을 하기도 하고, 빅맥 문신을 새기기도 하며, 맥도널드를 주제로 한 장거리 자동차 여행을 떠나기도 한다. 브랜드에 대한 팬덤은 매우 다양한 방식으로 표현된다.

우리 브랜드의 슬로건 'i'm lovin' it' 역시 팬덤의 한 형태다. 이 문구는 팬들이 가장 좋아하는 메뉴, 그들의 습관과 브랜드와 함께하는 순간에 대한 느낌을 그대로 담고 있다. 'i'm lovin' it'이 오랫동안 사랑받아 온 것은 놀라운 일이 아니다. 2003년에 처음 선보인 이 슬로건은 브랜드가 전하

팬덤 | 모건 플래틀리

ba da ba ba ba

고자 하는 감정을 표현한다. 고객은 어릴 적 처음 맛본 해피밀부터 자신이 부모가 되어 자녀와 처음 함께 먹는 해피밀까지, 그후로도 세대를 넘어 이어지는 브랜드와의 추억을 기억한다. 그 감정, 즉 팬덤은 수십 년에 걸쳐 이어진다. 축구 연습이 끝나고 귀갓길에 드라이브스루 매장에 들르는 일, 늦게까지 친구들과 어울리다 자정에 즐기는 야식, 감자튀김을 밀크셰이크에 찍어 먹는 습관, 늘 하던 대로 친구에게는 피클을 빼 주는 모습 등등. 이 모든 개인적인 취향과 세세한 습관들, 순간들과 추억들이 모여 팬덤을 만든다. 그리고 이 모든 것이 결국 'i'm lovin' it'이 된다. 눈으로 보고, 코로 맡고, 손으로 만지고, 입으로 맛보고, 귀로 들을 수 있을 만큼 생생한 감정으로.

내 역할은 전 세계 마케터들과 함께 팬덤을 계속 키우는 것이다. 기존 팬들과의 연결을 강화하고, 새로운 세대의 팬을 형성해 나가는 일이 우리의 과제다.

음식과 레스토랑에 대한 경험을 개선하는 것도 매우 중요한 부분이지만, 우리는 팬들과의 관계를 더 튼튼하게 하는 데에도 집중한다. 온·오프라인에서 브랜드가 하나로 연결되는 시대이니만큼, 상품과 매장을 넘어 더욱 긍정적인 순간을 창출할 방법을 찾는다. 기존 팬들의 진심이나 좋은 브랜드 이미지를 드러내는 데서 멈추지 않고 새로운 영역으로 나아가야 한다. 우리의 가장 어린 팬들을 위한 포켓몬 해피밀, 세계적인 가수 BTS와의 협업, FIFA 월드컵 후원 등을 통해 우리 팬들이 중요하게 생각하는 문화적 요소를 브랜드와 연결했다. 팬덤이 팬덤을 부른다. 그럼으로써 브랜드와의 유대감도 더 깊어진다.

우리의 팬이 누구든, 맥도널드는 그 팬들에게 속해 있다는 것을 항상 기억해야 한다. 문화 속에서 우리가 맡은 역할에 대해서도, 팬들에 대해서도 언제나 진정성을 잃지 않아야 한다. 맥도널드는 진지하기보다 가볍고 꾸밈없이 즐거운 브랜드다. 결국, 우리는 재미를 파는 것이다.

용감한 창의성

린다 리

Campbell's

CONDENSED

A FAMILY FAVORITE

PREPARE YOUR WAY

CREAM OF MUSHROOM
SOUP

린다 리,
캠벨 식품 및 음료 부문 최고 마케팅 책임자

"얼마나 멀리 갈 수 있는지는,
아주 멀리 가 보려는
사람만이 알 수 있다."
— T.S.엘리엇

(왼쪽의 디자인은 아주 멀리 갔다.)

시인 T. S. 엘리엇의 이 문장은 1990년대 중반 해리 크로즈비의 『금성의 통과Transit of Venus』(1931) 서문에서 처음 읽은 뒤로 지금까지, 식품 및 마케팅 업계를 거쳐 온 지난 30여 년 동안 줄곧 내 마음에 남아 있었다. 식음료 분야에서 나는 아침·점심·간식·저녁·디저트까지 모든 영역을 아우르고, 엔지니어·시장조사원·마케터로서 수십억 달러 규모의 상징적인 브랜드부터 신생 브랜드까지 폭넓은 포트폴리오를 쌓았다. 여기서 배운 한 가지가 있다면 바로, 위험을 피하기 위해 정해진 각본을 따르는 시대는 끝났으며, 이제는 계산된 위험을 감수할 용기가 필요한 시대라는 것이다.

다양한 경험을 해 온 덕분에 종종 가장 자랑스러운 성과가 무엇이냐는 질문을 받는다. 놀랍게도 최고의 만족을 주는 것은 비즈니스 성과가 아니다. 나는 비즈니스의 결과는 진정한 성취의 구체적 성과라고 믿는다. 나에게 진정한 성취는 이런 것이다. 나 자신과 원칙을 지켜 가면서 변화의 주체로서 새로운 환경에서 빠르게 신뢰를 얻는 것. 그리고 주변 사람들이 개인적·직업적으로 성장하도록 이끌고 안팎의 어려움에 맞서 과감한 결정을 내리도록 돕는 것.

'어떻게 하는가'(가치와 원칙)가 '무엇을 이루는가'(성과)를 결정한다. '어떻게'에 집중하면 내 결정에 대한 확신으로 실패에 대한 두려움을 떨쳐 낼 수 있다. 그러면 '무엇'이 따라온다. 나는 이 두려움을 떨치는 능력으로 수년간 변화를 주도할 수 있었다.

과감한 결정은 진정한 변화를 이루기 위해 반드시 필요하다. 상징적인 캠벨 브랜드의 현대화 여정도 예외가 아니었다. 캠벨은 어디서나 볼 수 있지만, 사업은 10년 동안 하락세였다. 빨간색과 흰색으로 구성된 농축 수프 캔의 단순하면서도 클래식한 디자인을 현대적으로 구현하면서, 어떻게 해야 과거의 특징도 살리고 새로운 세대의 요리사들에게 영감을 줄 수 있을지 고민했다. 결국 우리는 캔 자체에서 시작해야 했다. 매년 농축 수프 캔 10억 개 이상이 미국 가정의 식료품 저장고를 채우고 있었으며, 이것이 가장 중요한 소비자 접점이었기 때문이었다.

'Camp

bell's®

"대담하게 시작하되, 언제든 조정할 수 있다." 상징적인 브랜드를 개편할 때 내가 항상 따른 접근법과 조언이었다. 디자인이란 감정을 움직이고, 위험을 감수하는 판단을 해야 하는 일이다. 특히 상징적 브랜드를 손볼 때면 모두가 의견을 내놓는 바람에 조직이 길을 잃곤 한다. 나도 이런 상황을 여러 번 보았다. 이는 브랜드와 그 역사에 대한 존경심, 그 속에서 잠시 동안만 브랜드를 맡은 관리자라는 책임감에다, 의견이 분분한 가운데 잘못 결정해서 사업에 해를 끼칠수도 있다는 두려움이 모두 합쳐진 결과일 것이다. 과학(소비자 조사와 과거 데이터 등)은 가설 수립과 검증을, 기술(경험, 비전, 영향력 있는 기량 등)은 핵심 이해관계자의 참여와 개발을 이끈다. 나는 소비자가 우리 생각보다 훨씬 너그럽다는 것을 알았다. 내가 과학에서 출발한다면 영향력을 제한하고 안전한 선택만 하게 될 터였다. 영감을 불러 일으키려면 강하게 시작해야 하며, 개념을 잡는 단계에서 개발 단계로 이동하면서 언제든 조정할 수 있다.

내가 최고 마케팅 책임자로 합류했을 때, 캠벨은 반년째 브랜드 재정비 중이었다. 새로운 역할을 맡으면 나는 가능한 한 정보를 많이 취합해서 방향을 결정한다. 하지만 그때까지 나온 브랜드 콘셉트 시안을 보니 그럴 수가 없었다. 나는 곧장 첫 번째 큰 결정을 내리고 이 작업을 중단했다. 그 결정이 디자인 전략의 중요한 전환점이 됐다.

캠벨은 과거에 얽매이고 있었다. 편안함, 수프, 기존 자산을 유지하는 데 초점을 맞추려는 기획안에 갇혀 앞으로 나아가지 못했다. 그러니 그 결과물은 에너지도, 미래를 향한 추진력도 부족할 수밖에 없었다.

무언가 어긋났다는 느낌이 들면 두려워하지 말고 "이건 안 된다"고 말해야 한다는 것. 이것이야말로 모든 창의적인 일에서 내가 얻은 교훈이다. 직감을 믿는 법을 배워야 했다.

우리는 기획안을 완전히 갈아엎었다. 해결해야 할 단순한 문제에 집중하기로 했다. 이 상징적인 브랜드를 어떻게 현대화할 것인가? 수프라는 제품을 넘어, 친숙함으로 편안함을 주면서도 소비자가 무의식중에 다시

쳐다보게 만드는 브랜드로 재탄생해야 했다. 무언가 변하긴 했는데 그게 정확히 무엇인지는 모르게. 기획 방향을 단순하게 잡았더니 제약이 적었다. 어느 날 밤 사무실에서 캠벨 패키지 로고를 보았다. '이걸 현대적으로 바꾸면 어떨까?' 단순한 기획 취지를 따라서 건드리지 못했던 성역도 전부 없앴다.

다음 단계로 나아가며 우리는 모두 한 가지 디자인에 끌렸다. 이름하여 '뉴 스타트'였다. 로고를 과감하게 현대화한, 가장 대담한 디자인이었다. 풍부하고 선명한 색감은 제품 라인을 명확하게 구분해 주었다. 캔에 그려진 1900년 파리 만국박람회 메달을 포함해 그동안 당연하게 봐 왔던 시각적 자산들에도 새로운 활기를 불어넣었다.

무엇보다, 이 디자인에는 전진하는 에너지가 담겨 있었다. 더 이상 수프 그릇에 갇히지 않고, 캠벨을 훌륭한 식사와 행복한 추억, 멋진 관계의 촉매제로 보는 디자인이었다. 이 전환이 우리의 창의력을 해방시켰고, 이후 디자인 수정 과정에서도 그 에너지가 이어졌다.

나는 과학에 관심이 많은 편이라, 물리학 법칙상 에너지는 전이된다는 사실을 잘 안다. 해방된 창의적 에너지는 패키지를 넘어 더 많은 아이디어로 확산되었다. 마케팅, 요리 콘텐츠 기획, 파트너십 전반에 활력이 돌았다. 우리는 브랜드와 그 자산을 바라보는 관점을 크게 확장했다. 한정판으로 출시한 토마토 수프와 그릴드 치즈 향 캔들이 완판되었다. 그렇게 큰 화제를 모을 줄은 몰랐다. 미국의 명절 음식 트렌드를 살피는 우리의 혁신적인 연간 리포트, 즉 「명절 음식 현황 보고서 State of Side」도 언론의 큰 주목을 받았다. 좋은 디자인은 브랜드와 비즈니스, 조직의 잠재력을 여는 열쇠가 될 수 있다.

브랜드 재구축 과정에서 나를 가장 자극하는 건, 창업자가 이끄는 소규모 브랜드가 큰 무대에 오르는 모습을 살펴보는 일이다. 이들의 브랜드와 사업을 성공적으로 키워 내는 것은 앞서 말한 뛰어난 '기술art'이다. 이러한 기술은 놀라운 직관력에서 비롯된다.

광고 예산이 없을 때는 패키지와 음식이라는 실제 경험의 디자인이 곧 마케팅이 된다. 이런 브랜드들을 볼 때마다 스스로 묻는다. "이 패키지만 보고도 이 브랜드가 누구를 위한 것인지, 소비자의 삶에서 어떤 문제를 해결해 주는지 알 수 있는가?" 또 묻는다. "오직 제품 경험만으로 이 브랜드가 무엇을 믿고, 어떤 가치를 지향하는지 느낄 수 있는가?", "사람들이 이 브랜드와 제품에 흥미를 느끼고 이야기하고 싶어 한다면, 그 이유가 뭘까?" 필요는 창조의 어머니다. 나는 마케팅 예산이 적은 브랜드들이 창의력을 실현하는 장면을 자주 목격한다.

대규모와 소규모 식품 회사에서 모두 일해 오면서, 두 세계의 장점을 균형 있게 결합해야만 브랜드를 성공적으로 전환할 수 있다는 사실을 깨달았다. 앞서 나가는 소비자들의 요구에 민감하게 반응하며 과감하게 실행할 수 있는 소규모 창업 브랜드로부터 얻은 영감에, 오랜 시간 검증된 기업의 규모와 지속 가능한 비즈니스 모델이 조화를 이루면 변화는 힘을 얻는다.

브랜딩 프로젝트의 규모가 크든 작든, 스타트업이든 오랫동안 사랑받아 온 브랜드이든 상관없다. 중요한 것은 과감한 창의성을 자유롭게 펼칠 수 있는 안전한 공간을 만드는 것이다. 최상의 결과를 얻으려면 디자인과 사고 영역에서 '아주 멀리' 가 볼 수 있는 환경이 필요하다. 그런 환경이 마련되어야 비로소 우리는 진정한 협력을 통해 더 나은 아이디어를 만들고, 더 빠르게 더 멀리 함께 나아갈 수 있다.

진심을

제이미 매카시

다하는

것

제이미 매카시, 독립 크리에이티브 디렉터

최고의 브랜드와 일하려면,
최고의 밴드를 맡아라.

아홉 살 때, 할머니는 나를 4번 채널이 나오는 텔레비전 앞에 앉혀두고 양치질을 하러 가셨다. 밤 열 시쯤이었다. 화면이 어두워지며 "Oui oui, motherfuckers, we are Guns'N Roses"라는 소리가 들려왔다. 〈나이트레인Nightrain〉의 전주가 시작되었고, 어린아이였던 나는 엄청난 충격을 받았다.

나는 몰래 비디오테이프에 녹화를 해 두고, 할머니가 내려오실 때에 맞춰 채널을 돌렸다. 다음 날 아침, 나는 세상에서 가장 위험하게 들리는 것을 열광적으로 보았다. 그리고 단번에 빠져들었다. 내가 최초로 산 카세트테이프는 건즈앤로지즈의 세 번째 앨범 《네 환상을 이용해Use Your Illusion》였다. 두 번째는 너바나의 《네버마인드Nevermind》였고, 세 번째는 일명 '검은 앨범The Black Album'으로 불리는 메탈리카의 《메탈리카Metalica》였다. 무겁고 거칠면서도 멜로디가 선명했다. 이제 막 10대가 된 소년이 꿈꾸는 모든 것이라 할 수 있었다.

그리고 15년이 흘렀다.

런던의 터너 더크워스에서 일한 지 3년쯤 되었을 무렵이다. 어느 날 브루스가 샌프란시스코 스튜디오에서 일하는 데이비드 그리고 그의 친구 라스와 통화하는 걸 우연히 들었다. 라스Lars는 흔치 않은 이름이다. 내가 아는 라스라곤 라스 울리히밖에 없었다. 브루스에게 물어보니 역시나 메탈리카의 드러머인 바로 그 라스였다. 듣기로 데이비드와 라스는 캘리포니아 마린에서 열린 학교 행사에서 처음 만났단다. 아이들이 같은 학교에 다니고 있었던 것이다. 라스가 누군지, 메탈리카가 뭔지 잘 몰랐던 데이비드가 라스에게 인상 깊었던 모양인지, 두 사람은 곧 친구가 되었다. 얼마 지나지 않아 라스는 데이비드에게 메탈리카의 새 앨범 아트워크를 맡아 줄 수 있겠느냐고 물었다. 친구의 일을 망칠까 봐 망설이는 데이비드에게 나는 말했다. "세계 최고의 브랜드와 일하려면 최고의 밴드를 맡아야죠!" 내 열정을 알아챘는지, 데이비드는 나에게 사흘간 샌프란시스코로 가서 밴드를 직접 만나 보라고 했다.

이렇게 해서, 영국 남서부 브리스틀 출신의 꾀죄죄하고 어린 그래픽 디자이너가 샌프란시스코에 도착했다. 출입국 심사대 직원들이 나에게 고작 사흘간 캘리포니아에 머물며 뭘 할 거냐고 물었다. 메탈리카를 만나 그들의 다음 앨범을 디자인할 거라는 내 말에 못 믿겠다는 표정으로 눈썹을 치켜올리는 출입국 심사대 직원들의 모습이 그려질 것이다. 감사하게도, 최고경영자인 조앤 챈이 이런 상황을 예상하고 공식 서한을 마련해 두었다. 내가 겉으로 어떻게 보이든, 진짜로 그런 일을 하러 왔다는 내용을 담은 문서였다.

그 회의에서 우리가 동떨어진 듯 느껴졌던 기억이 난다. 세상에 헤비메탈 스튜디오에 찾아온 브랜딩 에이전시라니! 우리가 앨범의 제목 없이는 디자인 작업에 들어가기 어렵다고 하자, 메탈리카는 콘셉트를 설명해 주었다. 삶의 방식이 잘못돼 목숨을 잃은 친구들, 과도한 삶에 빠져들다 결국 죽음에 이른 친구들에 관한 앨범이었다. 설명을 듣자마자 데이비드가 말했다. "데스 마그네틱Death Magnetic, 여기 가사에 딱 있네요. 완벽한데요?" 그 말에 메탈리카는 완전히 넋을 잃었다. 데이비드가 한 일은 우리가 모든 고객을 위해서 하던 일이었다. 그들을 이해하고 문제를 해결해서, 모든 이들의 상상력을 사로잡는 일 말이다. 그렇게 사흘은 6주로 늘어났다.

런던과 샌프란시스코의 터너 더크워스 스튜디오에는 《데스 마그네틱》에 대한 내용이 전달되었고, 디자이너들은 기업 프로젝트 사이사이에 시간을 쪼개 그야말로 어둠의 끝을 그리는 듯한 스케치를 쏟아 냈다. 모두가 아이디어를 던졌다. 그야말로 집단 창작이라고 할 만큼. 약간은 위험하게 느껴질 만큼 흥분되는 작업이었다.

《데스 마그네틱》의 아트워크는 이후 수많은 상을 받았다. 가장 주목할 것은 단연 그래미 수상이었다. 그 이후로도 우리는 메탈리카와 함께했다. 세 장의 앨범, 영화 개봉 작업, 레코드 레이블 로고 디자인, 수많은 촬영과 크리에이티브 회의까지.

수년간 여러 브랜드와 일해 오는 동안, 내가 스래시 메탈 밴드로부터 브랜딩에 대해 가장 많이 배웠다는 사실이 흥미롭기 그지없다. 크리에이티브 디렉터로서 나는 단순히 앨범 커버만 디자인한 것이 아니었다. 메탈리카가 누구고 무엇을 말하려는 것인지 파악해서, 그 이야기를 이미지·색·상

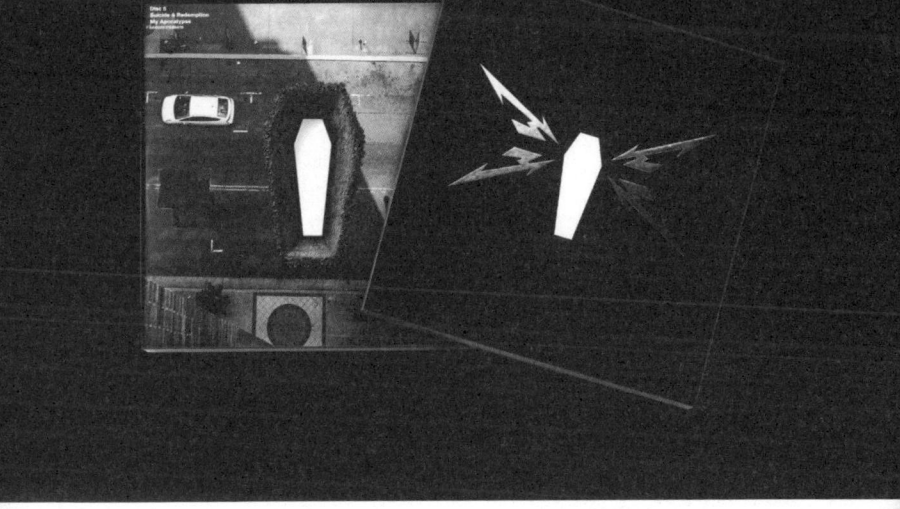

약간은 위험하게 느껴질 만큼
흥분되는 작업이었다.

진심을 다하는 것 | 제이미 매카시

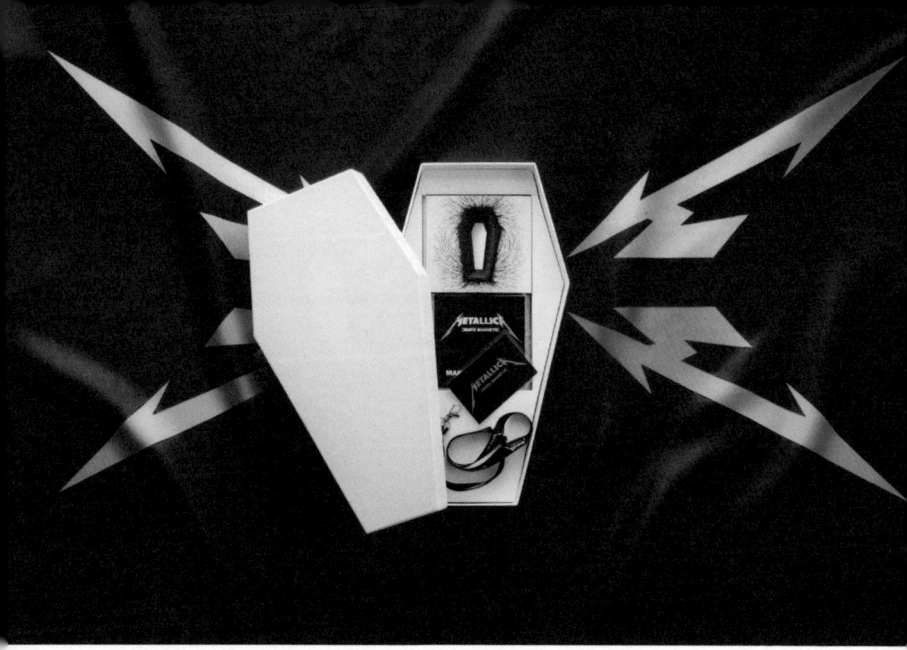

메탈리카가 누구고 무엇을 말하려는 것인지 파악해서, 그 이야기를 이미지·색·상징으로 전하려 했다.

징으로 전하려 했다. 사람들이 밴드와 만나는 모든 접점을 하나로 연결해서 언제나 강렬한 메시지를 전하는 것, 그게 바로 내 임무였다.

메탈리카와 작업하면서 나는 창의적인 사람들과 함께 일하는 것이 얼마나 즐거운 일인지 깨달았다. 에이전시의 동료들만이 아니라 더 폭넓은 사람들과 함께하는 것 말이다. 메탈리카는 평범한 고객이 아니었다. 그들은 밴드였고, 열정적인 음악가였으며, 진정한 예술가였다. 창의적인 과정을 진정으로 존중하고 이해하며 즐기는 이들이었다.

그들은 내가 만난 대부분의 고객들보다 창의적인 개념을 훨씬 깊이 있게 받아들였고, 아이디어에 대해 함께 토론하고 고민하고 탐색하는 여정을 좋아했다. 아이디어가 잘 풀리지 않더라도 그 과정 자체를 소중히 여겼다. 이러한 진실한 열정과 관심, 기대에는 전염성이 있었다. 무엇보다 우리는 창조적 탁월함을 추구한다는 공통점이 있었다. 기업 브랜딩과는 완전히 다른 세계였다.

대학교 2학년 때 교수님(가이 교수님, 잘 지내셨죠!)으로부터 내가 좋아하는 주제(음악, 스케이트보드, 서핑 문화 등) 말고 '좋아하지 않는' 걸 다뤄야 한다고 배웠다. 현실의 디자이너는 언제나 좋아하는 브랜드만 맡을 수 없을 거라면서 말이다. 대부분의 경우 교수님 말이 옳았다. 하지만 메탈리카는 예외였다. 나는 내 어린 시절 영웅들을 만나고 그들과 협업하며 여러 앨범을 디자인했고, 수많은 상을 받았다.

자, 그럼 이 모든 것으로부터 뭘 배웠느냐고? 헤비메탈 밴드만 작업하고 싶은 거냐고? 그럴 리가!

내가 깨달은 건 이것이다. 사람들이 좋아하는 브랜드, 더 나아가 나 자신도 몰입할 수 있는 브랜드와 작업할 때 진정한 영감과 에너지를 얻는다는 것. 나는 미국의 글로벌 브랜드들과 함께 대부분의 경력을 쌓았다. 엇비슷하게 대중성을 추구하고, 매대에서 눈에 띄길 바라고, 경직된 일관성을 좇는 곳들이었다. 이제 내가 얼마나 반골인지, 그리고 문화의 주변부에 얼마나 끌리는지 깨달았다. 나는 그저 이익을 내고 주주 수익을 늘리

OAC #1121
PERMIT #120341077-01-SG
OAC #1121
METALLICA
THROUGH THE NEVER
EXPERIENCE IT IN IMAX 3D
METALLICA
THROUGH

IT #120341086-01-SG
E NEVER
OAC #1121
PERMIT #120341095-01-SG
METALLICA
THROUGH THE NEVER
THROUGHTHENEVERMOVIE.COM
EXPERIENCE IT IN IMAX 3D

는 것 이상으로 진짜 존재 이유를 지닌 아방가르드한 고객과 일하는 게 좋다. 내가 사랑하고 존경하며 나에게 엄청난 영감을 주는 사람들과, 그런 브랜드와 일하고 싶다. 결국 브랜딩이란 사람들에게 뭔가를 느끼게 하는 것이 전부 아닌가?

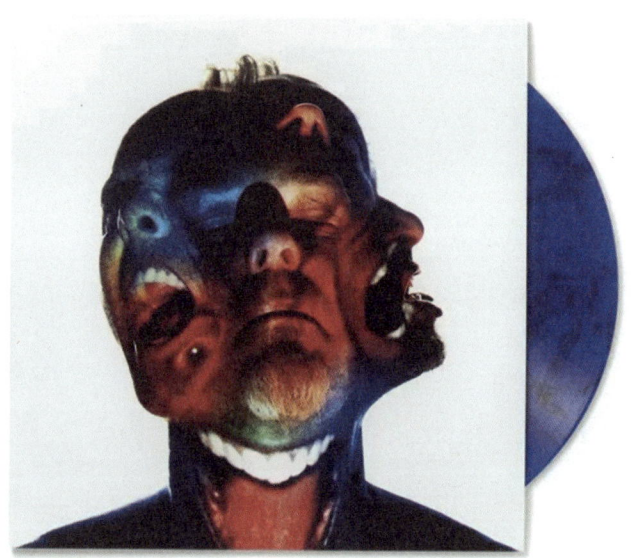

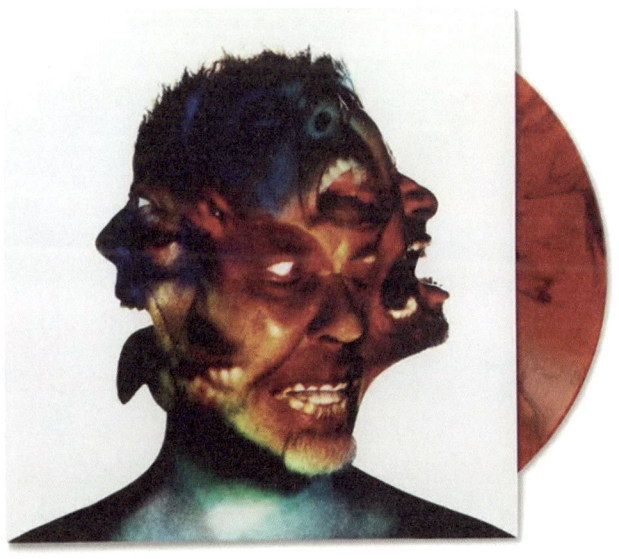

숨 쉴 곳
존 앤서니 듀메이

존 앤서니 듀메이, 전 개발 및 커뮤니케이션 디렉터,
브러더후드 시스터 솔

공간은 강력한 울림으로 많은 이야기를 들려준다. 언제 말하고 침묵해야 할지, 언제 걷고 달려야 할지 우리에게 알려 준다.

나는 뉴욕 브루클린의 윌리엄스버그 지역에서 자랐다. 1980년대라 젠트리피케이션이 시작되기 전이었다. 요즘은 술집과 카페, 예술과 음악이 그득하고 비싼 콘도와 아파트가 들어선 멋진 동네가 되었지만 그때는 전혀 아니었다. 우리 가족이 살았던 아파트 복도에서는 자주 소변 냄새가 났다. 출입구 창문이 깨져 있는 건 흔한 일이었다. 잡초투성이인 건물 옆 공터에는 쥐가 들끓고 있을 것 같았다.

부모님은 우리에게 밖은 위험하니 되도록 집에 있으라고 하셨다. 우리는 혼자서는 공원에 가지도, 영화처럼 자전거를 타고 친구 집에 놀러 가지도 않았다. 여름 방학 땐 부모님이 직장에 가 계신 동안 집에서 텔레비전을 보거나 비디오 게임을 하며 보냈다. 그로부터 30년이 지났다. 나는 이제 열한 살 된 아들내미가 동네 심부름을 하며 자랑스러워하는 모습을 지켜본다. 가게에 가 물건을 사 오고, 우편물을 챙기고, 킥보드를 타고 거리를 활보하며, 어린 동생을 학교까지 데려다주기도 한다. 나는 자라면서 그런 자부심이나 자신감을 느껴 보지 못했다. 나에게 세상은 무섭고 우울한 곳이었다.

여덟 살 때, 형이 먼 동네의 이름난 사립학교를 방문하는 길에 따라간 적이 있었다. 유색인종 학생을 미국 최고의 명문 사립학교에 보내는 프로그램에 형이 선정됐기 때문이었다.

그날 오후가 내 인생을 바꿨다.

폴리 프렙 컨트리 데이 스쿨 Poly Prep Country Day School의 연못 안에서는 오리와 거위와 거북이가 헤엄치고 있었고, 토끼와 야구장과 축구장, 심지어 수영장도 있었다. 중앙 광장에는 분수도 있었다! 테니스 코트도! 나를 사로잡은 것은 학문이나 풍부한 교육에 대한 약속이나 화학 실험실 같은 게 아니라 공간이었다. 그 열린 공간, 조용한 공간 말이다. 어린 나이였지만 어쩐지 느낄 수 있었다. 그곳이 기회를 가진 사람들, 스스로 선택할 수 있는 사람들을 위한 공간이라는 것을. 그곳에는 기회가 있었다.

나는 또한 이곳, 이 경험, 이 기회가 누구에게나 열린 것이 아님을 빠르게 깨달았다. 우리 동네와 그 학교는 고작 20킬로미터쯤 떨어져 있었을 뿐이지만 다른 세상 같았다. 이곳으로 통학하려면 가는 데만 한 시간이 걸렸고, 이런 기회를 얻기 위해 그토록 먼 길을 오가야 한다는 게 너무 불공평하게 느껴졌다. 물론 입학하기도 쉽지 않았다. 내가 살던 동네 사람들은 그 학교, 즉 폴리에 대해 아예 몰랐다. 그곳에 입학할 수 있다는 사실조차 모르는 것이다. 그곳에 대해 알고 지원하더라도 에세이와 성적표와 추천서를 제출하고, 시험과 면접을 치르는 등등의 절차가 기다렸다. 학비와 등록금도 어마어마했다. 우리 부모님 같은 사람들에게 아이를 이런 학교에 보낸다는 건 복권에 당첨되는 일이나 진배없었다. 사실이 그랬다. 한편 폴리에 다니는 친구들은 그들이 누리는 걸 그저 날 때부터 주어진 권리로 받아들였다.

공간은 강력한 울림으로 많은 이야기를 들려준다. 언제 말하고 침묵해야 할지, 언제 걷고 달려야 할지 우리에게 알려 준다. 창문으로 신선한 공기와 자연광이 들어오면 기분이 좋아진다. 벽의 색과 형태에 따라 공간은 실제보다 더 커 보이기도, 더 작아 보이기도 한다. 미국 최고 법정을 방문하면, 거대한 기둥과 치솟은 건축물과 위압적인 공간을 만난다. '너는 보잘것없어. 이곳과 어울리지도 않아. 가치가 없거든.' 마치 어깨 위에서 작은 악마가 이렇게 속삭이는 것만 같다. 그런 공간은 우리를 움츠러들게 만든다.

일부러 이렇게 설계하는 경우도 있다. 일부 법원이나 감옥은 사람들을 위축시키고 반발심을 억누르려는 목적으로 설계하곤 한다. 하지만 때로는 그저 세심함 부족이나 부주의의 결과일 수도 있다. 그런 공간들은 더 훌륭한 무언가를 위한 기회를 놓친 것이다. 해방감을 줄 수도 있고, 강력한 소속감과 가능성과 기회를 키울 수도 있는 것이 공간이니 말이다. 공간은 사람들로 하여금 자신이 특별하다고, 이곳에 있을 자격이 있다고, 이 공동체의 일부라고 느끼게 해 줄 수도 있다. 공간은 호기심을 자극하고, 물리적으로든 비유적으로든 경계를 넘어 탐험하고 싶도록 만든다.

비영리단체의 모금 활동가로 일해 오며, 물리적 공간이 우리 자신과 주변 세상에 대한 인식에 어떤 영향을 미치는지 비판적이고도 깊이 있게 탐구한 두 조직과 함께하는 영광을 누렸다. 대규모 수감 문제를 종식하고 인종적 불의에 맞서 싸우는 비영리 조직인 '공정한 정의 이니셔티브The Equal Justice Initiative, EJI'는 2018년에 국립 평화와정의기념관을 건립했다. 이곳은 강렬한 인상을 주는 공간으로, 세월에 산화되고 녹슬어 버린 여러 강철 기둥들이 매달려 있다. "남쪽에서 불어오는 바람에 흔들리는 검은 몸, 포플러에 매달린 기이한 열매"라고, 작사가 겸 시인(나와 같은 뉴요커이기도 하다) 에이블 미어러폴Abel Meeropol(1903~1986)이 묘사한 노래 가사처럼 음울한 광경이 떠오르는 곳이다.

이 공간에 온 많은 이들은 우리나라의 인종 차별 역사 같은 깊고 불편한 진실과 맞닥뜨리게 된다. 4천 건이 넘는 인종 혐오 린치 사건들을 조명하고, 진실·화해·정의를 둘러싼 전국적 대화를 촉진한다. 「뉴욕 타임스」의 제시 웨그먼은 이 기념관을 거닐었던 경험을 이렇게 묘사했다. "그 모든 것을 받아들이려 할수록 내 가슴은 점점 더 꼭 죄어드는 듯하다."

몇 년이 지나 나는 뉴욕 할렘에 기반을 둔 청소년 성장 지원 단체 '브러더후드 시스터 솔(브러시스)The Brotherhood Sister Sol(BroSis)'과 일하게 됐다. 브러시스는 2022년 약 2천 제곱미터 규모의, 청소년 발전의 등대가 될 새로운 본부 건물을 완공했다. 브러시스는 기획 단계부터 건축가, 인테리어 디자이너, 현장 인부에게 다음과 같은 질문들을 던졌다. 청소년의 계몽을 위한 건축물은 어떤 모습이어야 하는가? 청소년들이 건물 안에서, 또는 밖에서 이 건물에 다가갈 때 무엇을 느꼈으면 하는가?

그 결과를 보고 「뉴욕 타임스」의 마이클 키멀먼은 이 건물이 "브러시스처럼 대담하고 독창적이며", "건축적으로 주목할 만한 작품"으로 "단숨에 지역의 상징으로 부상했다"고 평가했다. 브러시스의 공동 창립자이자 사무총장인 카리 라자르 화이트는 이렇게 설명했다. "우리는 평범하거나 기관 느낌이 나지 않는, 따뜻하고 아늑하며 깨달음을 주는 공간, 그리고 빛이 가득한 공간을 만들고자 했다. 우리에게도 그들처럼 아름답고 특별한 무언가, 소중한 존재임을 알려 주는 그 무언가를 누릴 자격이 있음을 건축물이 말해 줄 수 있길 바랐다." 이 건물에는 캐리 메이 윔스, 앨리슨 자네 해밀턴, 데릭 포저 등 미국을 대표하는 흑인 예술가들이 기증한 세계적인 예술 작품들이 전시되어 있다. 건물 내부에는 명상과 마음 챙김, 예술과 교육을 위한 빛으로 가득한 공간이, 옥상에는 농구장까지 마련되어 있다.

> 우리에게도 그들처럼 아름답고 특별한 무언가, 소중한 존재임을 알려 주는 그 무언가를 누릴 자격이 있다.
>
> 카리 라자르 화이트

아름답고 영감을 주는 공간을 만들고자 했던 브러시스는 시각적으로 풍부하게 그 공간을 완성했다. 디자인 요소를 영리하게 활용하여 옛 것과 새로운 것이 잘 조화를 이루도록, 권위적이거나 형식적이거나 정신없고

압도적인 느낌이 없도록 조율했다. 우리는 눈이 번쩍 뜨이고, 입이 떡 벌어지게 만들며, 가능성과 성취에 대한 젊은이들의 감각을 확장해 줄 무언가를 만들고 싶었다. 이런 공간에는 기회, 가능성, 깨달음, 주체성, 장래성이 살아 숨 쉰다. 그게 어떤 건지 나도 어린 시절에 느껴 보았지만, 그 느낌은 하루 두 시간씩 길을 떠나 배타적이고 폐쇄적인 사립학교로 가야만 얻을 수 있는 것이었다. 우리는 이 새로운 건물의 디자인을 통해 기회, 가능성, 깨달음, 주체성, 장래성 등을 더 많은 청소년들이 더 쉽게 느낄 수 있기를 바랐다. 그것이야말로 세상을 바꾸는 가장 중요한 요소일지도 모른다.

> 건물을 이루는 것은 벽돌과 시멘트만이 아니다. 정신도 건물을 이룬다. 비워진 곳이 채워진 곳보다 중요하다.
>
> 토니 시터미

나는 본업이 모금 활동가지 디자이너나 건축가는 아니다. 하지만 깊은 물에 발을 들이는 기분으로 감히 말해 보건대, 공간이란 존재하는 것만이 아니라 존재하지 않는 것으로도 이루어진다고 믿는다. 브러시스 본사의 건축가인 토니 시터미는 이 프로젝트에 대해 이렇게 썼다. "건물을 이루는 것은 벽돌과 시멘트만이 아니다. 정신도 건물을 이룬다. 비워진 곳이 채워진 곳보다 중요하다." 이 원칙은 그래픽 디자인에도 똑같이 적용된다. 나는 이것을 터너 더크웍스와 함께한 두 개의 비주얼 아이덴티티 프로젝트였던 공정한 정의 이니셔티브와 브러시스와의 작업을 통해 직접 배웠다. 디자인에서 '비워진 곳'이란 타이포그래피와 레이아웃(문자, 행, 문단 구분, 이미지 등)상의 흰 여백을 의미할 수도 있다. 여백은 디자인과 메시지에 '숨 쉴 곳'을 만들어 준다는 터너 더크웍스 팀의 말이 기억난다. 그뿐만 아니라 여백은 우리도 숨을 돌릴 수 있게 해 준다. 이러한 여백과 작은 틈 덕분에 우리는 잠시 쉬고, 때로는 말 그대로 진정으로 그 내용을 되돌아보며 흡수할 수 있다. 이것은 '행간을 읽는 일'이기도, 겉으로 드러나지 않고 은연중에 숨긴 의미를 찾는 일이기도 하다. 여백은 우리의 대화 속에도 존재한다. 때로는 말하지 않는 것에 더 많은 의미가 담기는 법이다.

    이 디자인 원칙을 더 발전시켜 생각해 보자. 물리적 공간이 어떻게 우리에게 숨 돌릴 틈을 주고 사색하고 흡수하며 더 나은 걸 꿈꾸게 하는지를 말이다. 영감을 주는 놀이터란 어떤 모습일까? 지하철 시스템이 실용적 공간에 그치지 않고 출근길 사람들에게 활력과 새로운 자극을 줄 수 있다면 어떨까? 국립 평화와정의기념관처럼 역사를 마주하고 성찰할 수 있는 공간에 더 많이 투자한다면, 세상은 어떤 모습이 될까? 할렘의 브러시스 본부처럼 아름답고 희망차고 가능성 넘치는 공간을 더 많은 청소년들이 접할 수 있다면? 우리가 깊이 생각하며 꿈꾸도록 설계되는 공간이 더 많아지면, 이 세상은 지금보다 더 행복하고 기회 많고 정의로운 곳이 될 수 있을 것이다.

아름다움이
중요한
이유

슈테판
자그마이스터

슈테판 자그마이스터, 디자이너, (주) 자그마이스터
일러스트레이션: 하비에르 하엔

아름다움의 반대는
추함이 아니라 무심함이다.

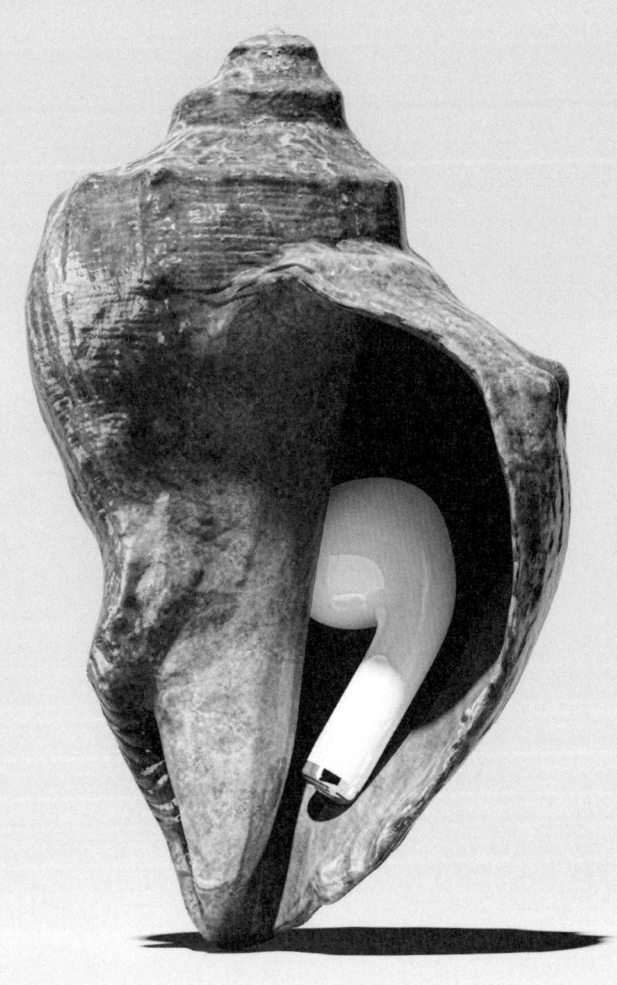

젊은 시절, 나는 작품의 질은 오직 아이디어의 힘에 달렸다고 믿었다. 형태와 스타일은 부차적인 요소로 취급했다. 디자인 업계에 35년간 몸담아 오는 동안 나는 그게 잘못된 생각임을 깨달았다. 아름다움을 비롯한 형식적 속성이야말로 '잘 기능하는 디자인'의 핵심이었다. 이런 생각이 처음 떠오른 건 테네시주 멤피스 컨벤션센터에서 열린 디자인 콘퍼런스에 참석했을 때다. 나는 컨벤션센터 앞에서 혼자 담배를 피우고 있었다. 그때 내 시야에는 아름다움이라는 요소가 설계에 조금이라도 반영됐다고 볼 만한 게 하나도 없었다. 순전히 실용성만을 위해 만들어진 공간이었다. 내가 막 콘퍼런스 참석차 포르투갈에 갔다가 미국으로 돌아온 참이어서 충격이 더욱 컸다. 리스본 전체가 내려다보이는 상조르즈 성에서 열린 콘퍼런스였다. 여느 중세 성들처럼 그곳도 군사적 목적으로 지은 구조물이었다. 그럼에도 문손잡이마다 장식으로 덮여 있었다. 이는 아름다움을 위한 요소였다. 심지어 살상을 위해 만든 대포조차 미적 감각을 반영해 제작했다. 이 사실은 내게 깊은 인상을 주었다. 어떻게 암흑기라 불리는 중세 포르투갈보다 1970년대 미국 중서부의 모습이 더 암울하게 퇴보한 것일까?

제1차 세계대전이 끝나고 돌아온 많은 예술가들은 전쟁의 참상을 겪으며 그들 문명국이 내세운 가치에 실망한 상태였다. 그들은 전쟁 이전까지 도덕적 가치로 여겨졌던 아름다움으로부터 배신당했다고 느낀 나머지 아름다움을 예술에서 제거해야 한다고 생각했다. 동시에 바우하우스를 필두로 한 건축가들과 디자이너들은 기능이 아름다움보다 더 현대적이고 중요하다고 봤다. 더 큰 문제는 그들을 이어받은 후대 건축가와 디자이너였다. 그들은 바우하우스의 원칙을 경제적 기능주의로 잘못 해석하여 오늘날 온 세계를 획일적인 디자인으로 뒤덮어 버렸다.

기능만 좇다 보면 역설적으로 기능이 전혀 발휘되지 못하곤 한다. 1960년대와 1970년대의 공공 주택 프로젝트가 가장 대표적인 사례다. 최대한 효율적으로 많은 사람을 수용하려다가 주거에 적합하지 않은 비

좁고 밀집된 고층 건축물만 짓고 말았다. 높은 범죄율 등 여러 문제로 인해 불과 20년 만에 많은 건물을 철거할 수밖에 없었다.

어떤 것이 제대로 기능한다는 사실이 아름다움을 보장하지는 않는다. 형태가 반드시 기능을 따르지는 않는 것이다. 바우하우스 출신인 막스 빌이 1950년대에 이미 깨달았듯이, 우리가 제 기능을 발휘하는 의미 있는 결과물을 창출하려면 아름다움을 기능과 같은 수준으로 끌어올려야 한다.

아름다움은 오직 기능만을 추구했을 때는 결코 도달할 수 없는 차원의 기능을 보탠다. 아름다움은 보존 및 지속 가능성 측면에서 탁월한 전략이 된다. 로마의 판테온 신전은 2천 년 전에 지어졌지만 여전히 이용된다. 그 자리에서 말이다. 믿을 수 없으리만치 아름다워서 그 어느 세대도 이 건축물을 철거할 마음을 먹지 못하는 것이다. 내가 30년 전에 선물 받은 아름다운 가죽 가방도 마찬가지다. 새 가방을 사느니 이 가방을 수선해서 쓰고 싶다. 유기농 면으로 된 에코백 수십 개보다 훨씬 더 지속 가능성이 높다.

아름다움에 대한 가장 나쁜 오해는 '아름다움이란 보는 사람의 눈에 달렸다'는 생각이다. 만약 이것이 사실이라면, 무언가를 아름답게 만들려는 욕망은 애초에 성립할 수가 없다. 모두 제각각으로 판단해 버릴 테니까. 다행히 어떤 문화든 아름다움에 대한 합의된 판단 기준이 존재한다. 아이슬란드에서 남아프리카까지, 교토에서 리우데자네이루에 이르기까지 전 세계인이 가장 선호하는 색은 파란색이다. 또한 원은 전 세계 모든 문화에서 가장 사랑받는 기본 도형이다.

아름다움의 반대는 추함이 아니라 무심함이다. 대부분의 추함은 추해 보이기 위한 의도에서가 아니라 신경을 쓰지 않아서 발생하기 때문이다. 스트립 몰, 고속도로 출구, 할인 가구 매장 같은 것들은 우연히 추하게 만들어졌다. 사실 말하자면, 나는 의도적으로 추하게 만든 것들에는 흥미를 느낀다.

아름다움에 대한 가장 나쁜
오해는 '아름다움이란 보는
사람의 눈에 달렸다'는 생각이다.

우리는 아름답다고 인식하는 것들을 찾아낸다. 진화론적 관점에서 보면, 이미 접한 적 있는 것이 우리를 해치지 않았다면 우리는 그것을 좋아하게 된다. 우리가 어떤 맥락에서 그것을 접하는지도 중요하다. 안전한 상황에서는 인간은 이미 아는 것에 새로운 것을 더 많이 추가하고 싶어 한다. 하지만 두려움을 느끼는 상황에서는 새로움을 아주 조금밖에 받아들이지 못한다. 이 현상을 나는 여러 고객들과 작업하며 경험했다. 사업이 잘될 때는 위험을 감수하려 하지만 어려운 시기에는 5년 전에 효과가 있던 것을 더 선호하는 경향이 있다.

현재 세계 인구의 절반 이상이 도시에 거주한다. 도시인들에게는 주변의 모든 것, 즉 콘택트렌즈, 옷, 의자, 방, 집, 거리, 공원, 도시 등 그야말로 모든 게 '디자인된 것'이다. 도시 거주자들에게는 이와 같은 디자인된 환경이 열대우림에 사는 이들에게 자연이 하는 것과 같은 역할을 한다. 이 모든 것들은 잘 디자인될 수도 있고 엉망일 수도 있다. 그 차이는 명백할 것이다.

이 세상이 어떻게 보이고 우리 아이들이 어디서 자라는지에 더 큰 영향을 미치는 건, 작은 프로젝트에만 집중하는 디자이너들보다는 대규모 시장을 위해 디자인하는 이들이다. 대중을 위한 디자인에는 보통 막대한 예산이 투입된다. 이는 그만큼 많은 사람들이 관여한다는 뜻이므로, 복잡한 인간관계를 조율하는 능력이 필수적이다. 이런 관료적 장벽들을 기꺼이 뛰어넘으려는 디자이너들에게 깊은 존경을 표하는 바다.

건축 사무소 헤어초크 앤드 드뫼롱은 전문가만이 아니라 대중의 마음도 사로잡는 아름다운 건축물을 선보인다. 그들이 설계한 독일 함부르크의 엘브필하모니 콘서트홀은 '형태가 기능을 따르지 않은' 사례다. 반면 기능주의가 가장 극단적으로 실패한 사례로 뉴욕 라과디아 공항과 펜 스테이션을 꼽을 수 있을 것이다. 두 곳은 현재 전면 개보수 중이다. 우리는 다시 아름다움을 진지하게 여기기 시작했다.

결론적으로, 나는 미래가 밝다고 믿는다. 아름다움이 창조의 목표가 되어야 한다는 사실을 점점 더 많은 디자이너들이 이해하고 있다. 그들은 좋은 디자인이란 사람들에게 도움이 되고 기쁨을 주는 것임을 안다.

Something's Hiding in Here

Sarah Moffat

여기에 무언가 숨겨져 있다 세라 모팻

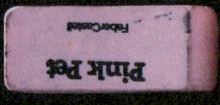

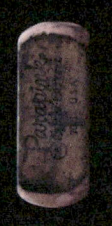

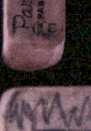

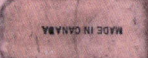

세라 모펏, 터너 더크워스 글로벌 최고 크리에이티브 책임자
사진: 제시카 오렉

무언가를 수집하지 않는 디자이너는 본 적이 없다.

나는 평생을 수집가로 살아 왔고, 혼돈 속에서 질서를 찾으려 하며 끊임없이 물건을 분류하고 배열하고 있다. 내 컬렉션이 잡동사니로 보인대도 어쩔 수 없다. 이건 내 핏속을 흐르는 습성이니까. 유전자 검사 결과에서 밝혀진바, 내 DNA 중 약 2퍼센트는 네안데르탈인이다. 좀 더 구체적으로 말하자면, 내가 네안데르탈인의 특성과 관련된 242개의 유전자 변이를 공유한다는 뜻이다. 그래서 좀처럼 쓰지 않는 물건도 쉽게 버리지 못하는가 보다. (형편없는 방향 감각에다 짠 음식을 유난히 좋아하는 취향도 그렇고.) 내 멀고 먼 조상들은 '언젠가 쓸모 있을지도 모를' 물건들을 모으며 정착 생활을 시작한 최초의 사람들이었다. 내가 그 유산을 어찌 부정할 수 있겠는가?

그래서, 내가 말하는 '컬렉션'이 뭐냐고? '셋'은 마법의 숫자다. 뭐든 세 개 이상이 모이면 컬렉션이 된다. 모으는 대상이 무엇인지는 하나도 중요하지 않다. 해변에서 주운 자갈이든 값비싼 파베르제의 달걀*이든, 무엇으로도 시작할 수 있다. 돈을 많이 들여 모을 수도 있겠지만, 나는 줍거나 발견한 것, 모은 것, 선물 받은 것이 좋다. 이러한 감성적인 수집품들은 사람과 장소와 순간을 연결한다.

나는 무언가를 수집하지 않는 디자이너는 본 적이 없다. 인정하고 싶지 않을 수도 있겠지만, 우리 디자이너들은 동굴 생활을 하던 인류와 조금쯤 가까울지 모른다.

내가 가장 처음 '공식적으로' 수집한 것은 스티커였다. 1980년대는 아이로 살기 정말 좋은 시절이었다. 푹신한 스티커, 복슬복슬한 스티커, 향기 나는 스티커, 홀로그램 스티커, 금박 스티커 등 그 모든 걸 갈망했다. 나는 보물 같은 스티커 컬렉션을 오래된 사진 앨범에 정성스럽게 정리해 두었는데, 어느 주에는 색깔별로, 어느 주에는 스타일이나 주제별로 나눠 정리하곤 했다. 미세스 그로스먼 스티커 공장은 꿈에서도 가고 싶은 곳이

---

* 러시아의 보석 장인 페테르 칼 파베르제의 달걀 모양 세공 작품

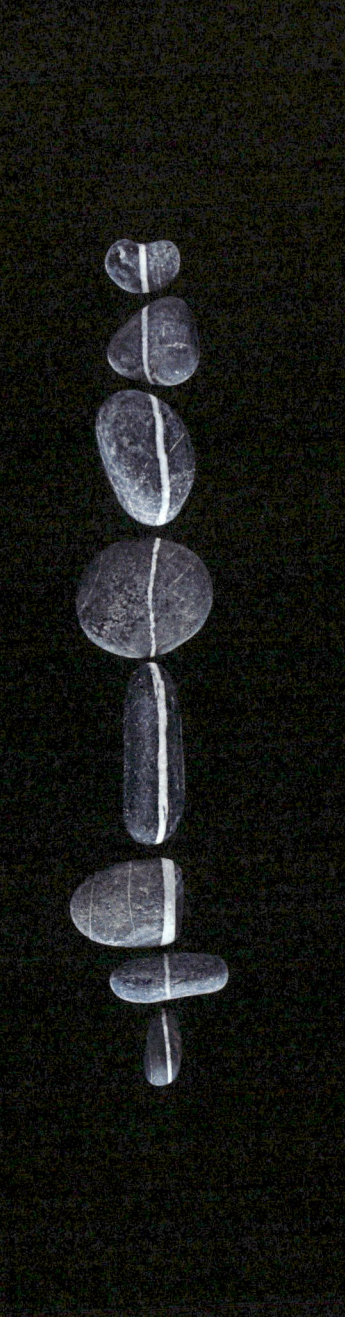

었고, 긁어서 벗기면 향기가 나는 멜로 스멜로의 스티커는 내 마음을 한껏 설레게 만들었다. 어떤 건 애정 어린 손길로 너무 긁고 향을 맡느라 그림이 벗겨지고 속지가 다 드러날 정도로 너덜너덜해졌다. 나는 스티커를 거래하고 교환하고 바꾸고 흥정했다. 내 스티커 컬렉션은 어린 시절 노는 시간과 친구 집에서 보낸 밤들, 평생 단짝이라며 약속했던 아이들의 기억도 함께 담겨 있다.

가장 오랫동안 모아 온 것은 엽서다. 일반 우편이 멸종 위기종이 된 시대건만 나는 여전히 매일같이 우편물을 기다린다. 누가 보냈을까? 그 우편물들은 어디에 있을까? 우표는 어떻게 생겼을까? 엽서는 어떤 이야기를 싣고 있을까? 35년간 모은 엽서는 하나의 '공유된 역사'를 만들어 냈다. 아날로그 버전의 소셜미디어 포스트 같달까. '좋아요'를 받기 위한 것이 아니라 오직 받는 이를 위한 사진과 캡션이다. 이 엽서들은 내 삶의 기록이면서, 가까이서든 멀리서든 소중한 이들과 나눈 추억이다.

슬프게도 스티커와 30년 넘게 모은 엽서들은 집에 두 번이나 불이 나는 바람에 재가 되어 버렸다(내 불운이란). 하지만 그 덕분에 깨달은 것도 있다. 나를 사로잡은 것은 물건이 아니라 수집하는 행위 그 자체였다는 것. 오래된 것들을 엮어 새로운 무언가를 만들어 내는 행위야말로 창의성을 이루는 본질일 것이다.

멕시코시티에 있는 프리다 칼로의 파란 집 Casa Azul은 그녀의 옛집이자 박물관이며, 그녀의 삶을 기리는 기념관이기도 하다. 그녀의 남편인 디에고 리베라가 기획해 그들의 집을 대중에 공개했지만, 욕실만큼은 거의 50년간 리베라의 요청에 따라 꼭 닫힌 채로 남아 있었다.

놀랍지 않게도, 욕실에는 가장 사적이고 프리다 칼로를 가장 적나라하게 드러내는 물건들, 그녀의 내밀한 초상을 그려내는 물건들이 있었다. 우리에게 알려진 이야기는 일부에 불과했던 것이다. 그녀의 상징인 눈썹을 그리는 아이펜슬, 레블론의 '에브리싱스 로지 Everything's Rosy' 색상 립스틱, 고통스러운 의족 장치들, 그녀만의 스타일이 담긴 옷들과 특유의 목소리

로 삶을 그린 개인적인 편지들. 봉인됐던 욕실의 미스터리가 풀렸고, 프리타 칼로라는 아이콘의 진면목이 드러났다.

이와 비슷한 이유로 나는 유품 경매에 끌렸다. 경매인에게 살짝 고개를 끄덕이고 단돈 5파운드를 내면 누군가의 삶이 담긴 물건이 내 것이 될 수도 있다. 비밀스러운 역사가 담긴 신비한 상자들. 인간 삶의 잡동사니와 일상의 파편들. 일본어에는 이를 정확하게 표현하는 단어가 있다. 바로 '고모노小物'다(일본의 전통 의상인 기모노와 혼동하지 말길). 정리 전문가인 곤도 마리에에 따르면, 집 정리를 가장 방해하는 것이 바로 이 잡동사니와 파편들이다. 바로 그렇기에 그것들이 결국 경매장에 등장하게 되는 것 아닐지 추측해 본다. 물건은 소유자의 흔적을 간직한 채 설명서 없이 뒤죽박죽 모여 있다. 나는 어렸을 때부터 원래 설명서를 읽지 않았고(그렇다, 그 덕분에 꽤 독창적인 레고 작품들이 탄생하곤 했다), 이런 잡동사니의 혼돈 속에서 패턴을 찾고 질서를 발견하는 자유를 즐긴다.

호기심을 자극할수록 더 좋다. 뉴욕의 유명한 '태넌의 매직 숍Tannen's Magic Shop'은 알 수 없는 것의 매혹에 대해 잘 안다. 그곳에서 가장 유명한 아이템은 '미스터리 상자'다. 물음표가 그려진 이 단순한 종이 상자에는 "다양한 경이로움으로 가득한 독특한 물건"이 들어 있다고 한다. 무슨 말인고 하니, 50달러를 내고 100달러어치도 넘는 마술 아이템을 받을 수 있다는 것이다. 무엇을 받을지 절대로 알 수 없다는 게 묘미다.

2007년 테드TED 강연에서 미국의 영화감독인 J. J. 에이브럼스J. J. Abrams는 태넌의 미스터리 상자를 영감의 원천이라고 언급했다. 열지도 않고 어린 시절부터 간직해 온 그 미스터리 상자를, 그는 채워지지 않은 빈 페이지에 비유했다. 정보를 의도적으로 감추는 일, 그리고 기대하는 것과 실제로 받게 되는 것 사이에 존재하는 간극은 흥미롭기 그지없다. 이 단순한 원칙은 성공적인 스토리텔링의 기본이기도 하며, 이런 식의 '블라인드 박스'가 유행하는 현상을 설명해 주는 단서이기도 하다. 잠재력, 호기심, 영감의 이 독특한 조합에서 나는 헤어날 수가 없다.

'셋'은 마법의 숫자다.
뭐든 세 개 이상이 모이면
컬렉션이 된다.

태넌의 매직 숍에 대해 듣기 훨씬 전에, 나는 어느 중고 상점에서 나무 상자 하나를 우연히 발견했다. '여기에 무언가 숨겨져 있다'라는 문구가 말 그대로 새겨진 상자. 오늘날 이 상자는 내게 이렇게 말해 준다. 속도를 늦추고, 창의적인 일이든 아니든 모든 기회 안에 깃들어 있을 호기심과 영감을 불러일으켜 줄 잠재력을 찾아보라고. 새로운 것을 창조할 수 있는 능력이야말로 우리 모두가 가진 초능력이다.

상자 안에 무엇이 들어 있느냐고? 글쎄, 여러분의 상상에 맡긴다.

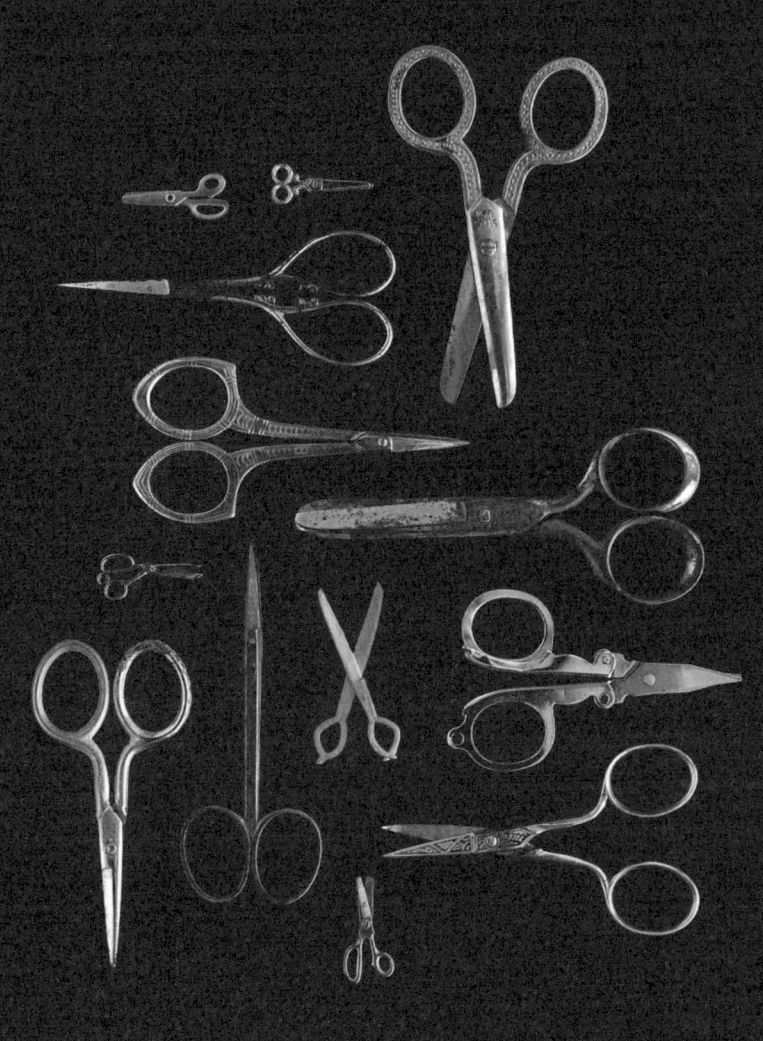

신뢰 & 믿음

미노트 웨신저

미노트 웨신저, 최고경영자, 매켄지 리버

**직감은 그 생각에 공감해 줄
사람을 찾았을 때에야
비로소 힘을 발휘한다.**

내가 연구나 공식보다 직감을 더 신뢰하는 이유는 뭘까? 솔직히 말하자면, 그것 말고 다른 방식으로 일을 해 본 적이 없어서다. 남들이 내 일을 의심하며 간섭하는 걸 참느니, 직감에 따라 내 식대로 하다 실패하는 것이 낫다고 본다.

직감을 따르는 방식은 우리 가족들에게 물려받은 것이다. 증조할아버지는 열일곱 살 때 독일에서 미국으로 건너왔다. 그는 양조업자가 되기로 결심했지만, 뉴욕 물이 마음에 들지 않았다. 그래서 오하이오주의 신시내티로 갔으나 그곳 물도 불만족스럽긴 마찬가지였다. 증조할아버지가 그 다음에 한 일은 경이롭기만 하다. 그는 뉴욕으로 돌아가 배를 타고 칠레의 혼곶을 돌아서 미국 서해안까지 갔고, 마침내 워싱턴주 밴쿠버에 양조장을 세웠다.

하지만 할아버지의 직감이 그리 좋지는 않았다. 금주법 시대에 그는 애틀랜타에서 온 두 사람을 만났다. 그들은 할아버지에게 아름다운 곡선형 병에 담긴 청량음료에 대한 서부 지역 독점 판매권을 제안했다. 일평생 한 번 올까 말까 한 그 기회의 순간에 할아버지는 어떻게 했느냐고? 그들을 그냥 사무실에서 쫓아내 버렸다!

내가 보기에, 직감은 그 생각에 공감해 줄 사람을 찾았을 때에야 비로소 힘을 발휘한다. 뛰어난 예술가에다 아름다운 것들을 뚝딱 만들어 내는 디자이너들도 전략적 이해를 겸비하지 못한 경우가 많다. 브랜드가 지향하는 바나 그것이 어디에 배치될지, 무엇을 전달해야 할지를 종종 이해하지 못한다.

터너 더크워스에게 좋은 디자인과 전략은 사실상 같은 것이었다. 전략이란 비즈니스 목표를 달성할 방법을 찾아내는 것이기 때문이다. 그 목표를 위해 노력하지 않는 디자인이 무슨 의미란 말인가? 처음 함께 일할 때 그들의 예술적 재능이 대단하다는 것을 금세 알아보았다. 하지만 더 인상적이었던 건 내가 제품에 관해 입을 떼자 테이블 반대편에서 힘차게 고개를 끄덕이던 모습이었다. 내가 아무리 기상천외한 아이디어를 내놓아도 그들은 언제나 내 말뜻을 이해했다.

브랜드 개발을 시작하기 전 뉴욕의 모 대기업에서 일하면서, 내게 두 가지 변화가 생겼다. 우선 소비자 조사 등 리서치 결과에 불신이 생겼고, 디자인 과정을 일일이 통제하려는 기업도 싫어하게 됐다. 나는 늘 믿었다. 재능 있고 믿을 수 있는 이와 만나는 행운이 찾아오면 그들에게 최대한 자유를 주어야 한다고 말이다.

하울링 몽키 맥주가 좋은 예다. 나한테 어렴풋한 제품 아이디어가 하나 있었다. 이름은 정했지만 거기서 어떻게 더 나아가야 할지는 오리무중이었다. 터너 더크워스는 내 요청에 맞춰 결과물을 가져왔지만, 나는 그 이상도 가능하겠다 싶어 이렇게 말했다. "조금 더 자유롭게, 재밌게 해봐요." 이런 말을 클라이언트에게 듣는 건 아마 그들도 익숙하지 않았으리라.

그 순간은, 말 그대로 마법 같았다. 결과물은 '좋은 수준'에서 '훌륭한 수준'으로 도약했다. 하울링 몽키 맥주의 라벨은 지금까지 우리가 만든 라벨 가운데 가장 많이 모방되었다. 지금도 여기저기서 그 영향을 본다.

스파크스도 엄청난 성공을 거둔 놀라운 제품이다. 그때 우리는 서로의 직감을 믿고 과감한 결정을 내려야 했다. 스파크스는 카페인을 함유한 최초의 알코올음료였는데, 맥주로 보이지 않으면서 에너지 음료로도 보이지 않게 디자인하는 것이 관건이었다. 이미 예산을 들여 결정한 방향이 있었음에도, 터너 더크워스의 인턴 사원이 '건전지'라는 기발한 아이디어를 내자 그게 딱이라는 생각이 들었다.

데이비드 터너가 전화로 건전지 아이디어에 대해 설명해 주었을 때, 나는 곧장 내 머릿속에서 상상하며 그려볼 수 있었다. 정말 독특했다. 패키지, 판매 매장, 광고, 상품 등 오만가지에 다 적용할 수 있었다. 다국적 대기업에서라면 이 아이디어는 좌담회를 마흔 쯤 거쳐야 했을 것이다. 그러는 대신 우리는 직감을 따르기로 했다. 이 경험은 하나의 기준점이 되었다. 어떤 개념을 단어로만 설명해도 상대의 머릿속에서 바로 그 이미

신뢰 & 믿음 | 미노트 웨신저

지가 떠오른다면 그건 뛰어난 아이디어라는 뜻이었다.

그렇다고 직감을 따른다는 게 무작정 감에만 의존한다는 뜻은 아니다. 때로 직감은 고객과의 대화에서 얻은 통찰에서 비롯된다. 그중 한 사례는 내 인생에서 가장 강렬한 순간의 하나로 기록됐다.

1987년으로 거슬러올라가 보자. 나는 아버지와 함께 세인트아이즈St. Ides 맥주를 출시했지만, 그 결과는 완전한 실패였다. 아버지도 광고 대행사도 거기서 손을 뗐다. 아무도 그 브랜드의 존재조차 알지 못했다. 유난히 길었던 하루가 끝나고, 뉴욕에서 일하고 싶다는 내 꿈이 그야말로 불타 없어진 듯한 기분이었다. 그 제품을 출시한 지 석 달이 지났지만 고작 스물다섯 상자밖에 팔리지 않았다. '내가 무슨 짓을 한 거지?'

나는 캘리포니아 이스트 오클랜드의 어느 길모퉁이에 앉아 있었다. 고개를 돌리자 두 명이 상점에서 나오는 모습이 보였다. 둘은 세인트아이즈 캔맥주를 마시고 있었다. 내가 출시한 제품을 먹는 사람을 실제로 보고 너무 흥분한 나머지, 자리에서 일어나 그들을 따라갔다. 그때 청바지에 파란색 외투 차림인 내가 경찰인 줄 알았는지 그들은 갑자기 도망치기 시작했다. 같이 뛰어 봐도 따라잡을 수가 없어서 나는 소리쳤다. "잠깐만요. 내가 만든 제품을 사 마시는 사람을 처음 봐서 따라간 거예요. 뭐가 마음에 드는지만 말해 줘요."

그들이 말했다. "이 맥주가 최고예요. 아무도 몰라서 문제지."

내가 물었다. "나도 알아요. 그럼 어떻게 하면 될까요?"

그들이 답했다. "주위를 살피면서 귀를 기울여요. 랩 음악이 폭발적으로 유행하고 있잖아요." 거리를 지나는 수많은 차들이 힙합 음악을 틀어 놓고 있었다. 알고 보니 그 둘은 래퍼였다. 나는 두 사람에게 100달러를 주고 〈랩 어택〉이라는 라디오 프로그램에서 틀 광고를 만들어 달라고 요청했다. 단 일주일 만에 사람들이 이 브랜드를 알게 되었고, 판매도 조금씩 늘어나기 시작했다.

그 일을 계기로 로스앤젤레스의 작은 랩 방송국인 케이데이KDAY에 광고를 냈다. 이내 우리는 래퍼인 아이스 큐브와 함께 일하게 되었고, 스눕부터 투팍, 비기에 이르기까지 탁월한 아티스트들을 수없이 만났다. 모든 것은 직감을 따른 결과였다.

그 시절을 통틀어 내가 가장 좋아했던 순간의 이야기다. 스튜디오에 있던 어느 날 밤. 광고 녹음을 끝내자, 데스 로 레코드사 대표가 닥터 드레가 작곡한 트랙을 들려줬다. 그때 스튜디오에 도착한 투팍이 곧장 거기에 맞는 가사를 써 내려갔다. 그러더니 투팍과 드레는 함께 부스로 들어가 녹음을 시작했다. 나는 그 스튜디오에서 〈캘리포니아 러브California Love〉가 최초로 재생되는 순간에 함께했다. 투팍과 드레와 나, 셋뿐이었다. 그 장면은 영화 〈스트레이트 아웃 오브 컴턴Straight Outta Compton〉과 투팍의 전기 영화에 등장하지만, 아무 데도 중년 백인 남자가 파란색 외투를 입은 채 서 있는 모습은 나오지 않는다!

직감이 항상 들어맞지는 않는다. 1997년, 어쩌다 보니 우리는 마이크 타이슨과 이밴더 홀리필드의 재대결 경기를 후원할 기회를 얻었다. (권투 프로모터였던 돈 킹은 이 경기를 '소리와 분노The Sound and the Fury'라고 불렀다.) 역사상 가장 주목받는 권투 경기가 펼쳐지는 링에서 맥주 브랜드를 출시할 수 있다니, 엄청난 기회처럼 보였다. 우리는 스포츠 브랜드 콘셉트로 완전히 새로운 제품을 개발했다. 모든 것이 성공을 향해 나아가고 있었다.

그런데 3라운드에서 일이 벌어졌다. 마이크 타이슨이 홀리필드의 귀를 물어뜯어 뱉어 낸 것이다. 라스베이거스 MGM 그랜드가든 아레나의 링 매트 한가운데, 우리의 그 멋진 로고 위로.

내가 이번 일을 접겠다고 하자, 그간 공들인 게 얼마냐며 모두들 몹시 당황했다. 하지만 목표를 놓쳤을 땐 빨리 받아들이고 넘어가는 수밖에 없다.

'르투르망 베르 Le Tourment Vert'라는 제품을 낼 때도 내 직감은 빗나갔다. 우리는 미국 시장에 압생트를 알리려고 시도했는데, 압생트 제품군에서 흔히 볼 수 있는 여러 시각적 요소를 섞어서 기가 막힌 디자인을 뽑아냈다. 그 디자인은 아름다웠다. 그런데 알고 보니 압생트 애호가들은 상당히 보수적이었다.

압생트는 마시는 절차도 복잡하다. 알코올 도수가 70도에 달해 물을 부어 희석해야 하는데, 숟가락에 각설탕을 얹고 그 위로 천천히 물을 붓는다. 라스베이거스 바텐더에게 이런 복잡한 과정을 거칠 여유 따윈 없을 테니 미리 그 과정을 거쳐 병에 담으면 어떨까 싶었다. 나는 도수를 낮추며 약간의 단맛을 더해 더 자연스러운 녹색을 만들었다.

이 모든 과정은 직감에 따랐지만, 결과적으로 압생트 애호가들로부터 외면당했다. 그들을 이해하려는 노력을 기울여야 했으리라. 압생트 애호가 한 사람이 이렇게 말해 주었다. "금지됐다는 것이 압생트의 본질이에요. 갈색 봉지에서 몰래 꺼내 마시는 술이라고요. 그런데 라스베이거스 클럽 선반에 압생트가 떡 하니 놓여 있다? 그건 우리가 바라는 것과 정반대죠." 그제서야 내 접근 방식이 완전히 잘못됐음을 알았다.

나의 계산 착오였다. 그래도 웬만한 사람들보다 내 타율이 높으니, 계속 내 직감을 믿어 보기로 했다.

가장 크게 성공한 제품은 스틸 리저브다. 다시 살펴본 증조할아버지의 양조 일지에서 '하이 그래비티 high gravity'라는 용어를 발견했다. 그 표현이 독특하게 다가왔다. 나는 '강렬함'과 '품질'을 동시에 전달할 수 있는 이름을 원했다. 그렇게 탄생한 것이 '스틸 리저브 하이 그래비티 라거'다.

터너 더크워스는 금속 질감에 강렬한 그래픽이 살아 있는 디자인을 가져왔다. 매력적이면서도 그 제품이 정확하게 전하고자 하는 가치인 '강렬함'을 전략적으로 잘 전달했다. 이 제품은 모든 곳에서 팔렸다. 월마트에 제품이 들어가자 규모가 감당이 안 될 지경이 되어서 밀러사에 팔았다. 이 제품은 여전히 매대에 진열되어 있다.

나는 그 스튜디오에서
〈캘리포니아 러브 California Love〉가
최초로 재생되는 순간에 함께했다.

투팍과 드레와 나, 셋뿐이었다.

나를 움직이는 것은 창의적인 과정, 즉 무언가를 발명하고 무에서 유를 만들어 내는 일이다. 하지만 이런 일에는 섬세한 균형 감각이 필요하다. 사람들이 계속 내 아이디어를 의문시하도록 놔두는 건 독이 된다. 알다시피 내가 운영하는 사업체는 지극히 사적인 브랜드다. 사무실 곳곳에 걸린 제품 이미지들이 내 아이들처럼 느껴질 만큼. 나는 내 직감을 따를 수밖에 없다.

크리스 가비

크리스 가비,
수석 크리에이티브 디렉터, 터너 더크워스 샌프란시스코

디자이너의 머릿속: 영감이 번뜩인다! 슥슥 그려 봤더니, 맘에 안 들어. 내다 버리자. 새로 해 볼까. 어, 괜찮은데? 근데 어디서 본 느낌이네. 다 지워 버려.

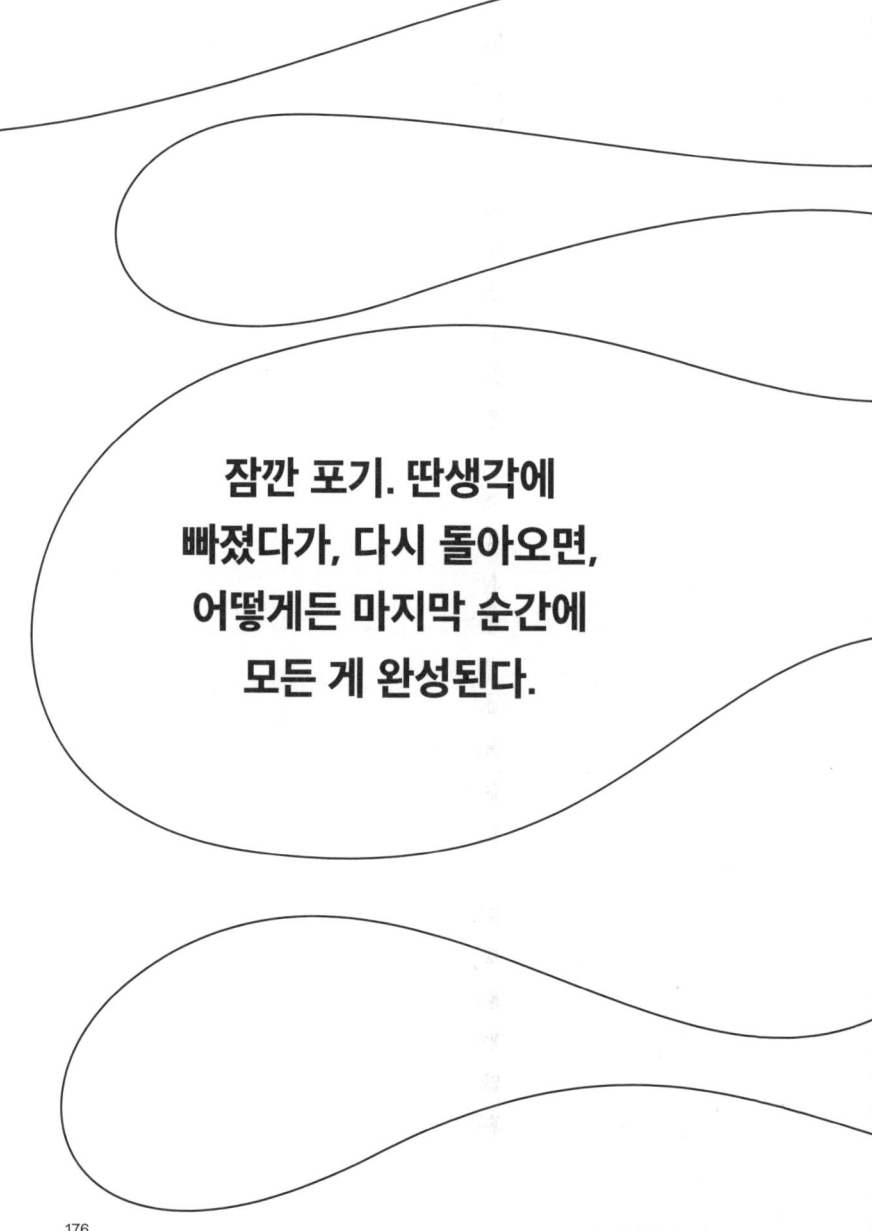

잠깐 포기. 딴생각에 빠졌다가, 다시 돌아오면, 어떻게든 마지막 순간에 모든 게 완성된다.

디자이너는 방황하는 존재다. 더 효율적이고 생산적인 디자이너가 될 수 있다고 설파하는 책이 얼마나 많든, 결국 우리는 모두 어지럽고 혼란스러운 방식으로 일한다. 고객들이 죄다 '지금까지 본 적 없는 새로운 걸 디자인해 달라'고 입을 모으니 어쩔 수 없다. 그런 요청을 받으면 모든 자연스러운 본능에 의문을 품는다. 전철을 다시 밟지 않으려고 자기 방식마저 의심하게 되는 것이다. 비이성적이긴 해도 극히 자연스러운 일이다.

만약 매일 그런 식으로 프로젝트를 한다면, 금방 지칠 것이다. 벽에 부딪히고 동기를 잃게 된다. 주의하지 않으면 자존감도 고갈되고 만다. 다른 사람의 구상을 구현하느라 모든 창조적 에너지를 써 버리기 때문이다. 우리 스튜디오 직원들은 도예나 드로잉, 음악과 그림, 피트니스, 댄스 등 휴식이 필요할 때마다 각자 취미에 몰두한다. 이는 모두 한 걸음 물러나 마감에 얽매이지 않고 창의적 사고가 자유롭게 흘러가도록 내버려두는 일이다. 이러한 해방과 회복을 위한 행위는 창작 과정에 자율성을 되돌려준다. '그냥 하고 싶어서 만들었다' 혹은 '나를 위해 만들었다'고 할 수 있게 되는 것이다. 이것은 놀이다. 이것은 새롭고 흥미로운 것을 발견하는 과정이다.

이것은 디자이너의 창의적 과정에 자연스러우면서도 중요한 부분이다. 디자이너의 마음은 절대로 멈추지 않는다. 디자이너가 컴퓨터 앞을 떠나 점토나 목탄을 가지고 놀 때면 신기한 일이 벌어진다. 디자인 결과물이 향상되는 것이다. 영감은 산만함처럼 보이지만, 결국 의미를 찾아가는 과정이다.

디자이너가 이런 '이기적인' 행동을 하다니, 시간 낭비 아니냐고? 전혀 아니다. 영감이란 문제를 해결하려고 끙끙대지 않는 순간에 찾아온다. 샤워할 때처럼, 두뇌가 휴식을 취하고 가장 잘하는 것을 하는 순간. 이때 두뇌는 연결하고 처리하고 적응한다. 창의적인 '비업무' 활동은 휴식과 혁신을 연습하는 형식일 뿐이다. 인상주의는 화가들이 유화물감을 제어하려 하는 대신 물감이 본래 액체로서 갖는 성질대로 흐르게 놔둔 덕분에 탄생했다. 물감이 경계를 흐리고 캔버스의 질감을 드러내게 하는 것을 받아들였다. 그 누구도 예술 사조를 만들기 위해 그렇게 한 것이 아니었다. 그들은 그저 창작 과정에 몰두했을 따름이다.

이런 이유로 어카운트팀은 불행하게도 스트레스를 받는다. 디자이너가 프로젝트에 할당된 시간의 20퍼센트를 사용했다고 하면, 일정 관리자는 디자인도 20퍼센트 완료되어야 한다고 여긴다. 이런 문제도 있다. 60퍼센트쯤 완료했다던 디자이너가 이제는 5퍼센트밖에 안 됐다고 하는 것이다. 뭐야 이게? "하지만 걱정하지 마세요." 우리는 말한다. "결국 다 마무리될 거예요." 사방에 긴장감이 감돈다.

얼마 전 어카운트팀이 디자이너의 창의적인 프로세스를 이해하는 데 도움을 주려고 노트북에 도표를 두 개 그렸다. 첫 번째는 양 끝에 점이 하나씩 있고 그사이에 점 세 개를 균등한 간격으로 배치한 수평선이었다. 나는 이렇게 설명했다. "이것이 바로 선형적인 사고방식입니다." 또 다른 도표는 곡선이었다. 위로 올라갔다가 아래로 내려오고, 시작점으로 되돌아갔다가 또 한 바퀴, 그리고 다시 한 바퀴. 선은 느슨한 타원 형태로 겹겹이 얽히며 어지럽게 소용돌이쳤다. 펜이 돌아가면서 느슨한 원의 형상이

이것이 디자이너의 사고방식이다. 어수선해 보여도, 결국은 잘된다.

어렴풋이 드러났다. 선이 반복해서 겹치자 중심의 원은 점점 더 또렷하고 정밀해졌다. 그려진 선은 사방으로 뻗어 갔지만, 계속해서 겹치면서 안쪽 원이 더 선명해지고 뚜렷해지고 예리해졌다. 그 모습은 다소 불안해 보였지만 마침내 아름답게 잘 완성되었다. "이게 디자이너들의 사고방식이에요. 어수선해 보여도, 결국은 잘되죠."

이런 일은 조각가가 대리석이 매끄럽게 다듬어질 때까지 조금씩 조금씩 작은 조각을 계속 깎아 내면서 마침내 아름다운 형상을 만들어 내는 일과 다르지 않다. 처음에는 넓고 흐릿한 면으로 시작해 점점 더 섬세한 세부 사항을 쌓아 가며 매혹적인 풍경을 완성하는 목탄화 작가의 작업과도 닮아 있다.

앞서 언급했던 동료들의 취미와 활동을 기억하는가? 내가 말한 사람들이 모두 디자이너는 아니었다. 일정 관리자, 회계 담당자, 최고경영자, 스튜디오 매니저 등 다양한 업무를 하는 모든 이들이 창의적인 출구를 갈망한다. 모두가 영감을 바란다. 직장에서 오직 디자이너만이 창의적인 일을 한다는 생각은 크나큰 오해다. 누구든 가끔씩이라도 새롭고, 더 낫고, 더 효과적인 사고와 행동을 요구받는다. 어쩌면 디자이너뿐 아니라 모두가 펜을 들고 거칠게 원을 그려 보는 시간을 좀 더 자주 가져야 할지도 모른다.

우리가 모두 디자이너는 아니지만 본능적으로 창의적이다. 영감을 받고, 새로운 걸 시도해 보고, 마음에 들지 않아 포기하고, 또 다른 걸 시도해 보고, 좋아하다가도 진부하게 느껴져 폐기하고, 떠나고, 한눈팔고, 또 돌아오다 보면 뭔가가 나온다. 뒤죽박죽이어도 괜찮다.

당신이 아니라, 그들

대니얼 다시

대니얼 다시, 크리에이티브 전략가
일러스트레이션: 에드몬 드 하로

제대로 된 브랜드라면, 소비자와의 관계가 일방통행이 아니라 서로 주고받는 관계라는 걸 안다.

브랜딩에 마법의 공식은 없지만 나름의 틀은 있다. 마케팅 방법론, 계획, 도구, 모델, 기능적이든 감정적이든 설득력 있는 근거들. 이것들은 마법이 아니라 그냥 뻔한 것들이다. 수많은 브랜드들이 똑같은 공식, 똑같은 사고방식, 똑같은 인사이트를 따라 하고, 위험도 똑같이 회피하려 하면서 다른 결과를 바란다는 게 신기할 따름이다. 그래서 결과는? 당연히 기억에 남지 않는다. 바다에 뿌려진 소금처럼.

고객들이 종종 '비즈니스 현실'에 대해 설명하지만 나는 도통 이해하지 못한다. 그 점만은 인정한다. 한 가지 더. 재미없는 일을 왜 '창의적'이라고 하는 건지 모르겠다. 많은 기업들에게 브랜딩이란 단순히 체크리스트를 채우는 작업이 되어 버렸다. 브랜드 목적? 체크. 브랜드의 성격? 체크. 브랜드 정체성? 체크. 이 모든 노력은 결국 브랜드를 관리하기 위한 것일 뿐이다.

통제하고 있다는 착각이 문제다. 새로운 브랜드가 친환경적 이미지를 멋지게 어필한다고 해 보자. 새로운 시각적 요소에 이를 잘 담아 냈고 심지어 색도 초록을 썼다. 회사는 공들여 만든 세련된 브랜드 이미지에 시간과 돈을 쏟아부으며 열심히 일한다. 그런데 우르르 꽝! 당신이 관리하는 이 브랜드가 멕시코만 생태계 파괴 사건에 연루되고 만다.

브랜딩이란 평판의 영역이다. 평판은 회의실에 앉은 카피라이터가 짜낼 수 있는 것도 아니고, 가이드라인 문서로 지킬 수 있는 것도 아니다. 이제는 고인이 된 위대한 월터 랜도르(랜도르 어소시에이츠 브랜드 디자인 에이전시의 창립자)가 예리하게 지적했듯이, "제품은 공장에서 만들어지고, 브랜드는 마음속에서 만들어진다". 사람의 마음속, 이보다 더 통제하기 어려운 게 또 있을까?

브랜드는 X라고 광고한다. 소비자는 X를 생각하고/느끼고/믿는다. 이러한 일방적인 소통을 선형 커뮤니케이션 모델이라고 부른다. 이미 구식이 된 모델임에도 여전히 많은 브랜드가 이 방식으로 자신의 평판을 관리하려는 모습이 눈에 띈다. 선형 커뮤니케이션 모델이 실패하는 가장 큰 이유는 소비자 고유의 경험을 인정하지 않기 때문이다. 소비자와 브랜드의 관계는 고작 18개월쯤 있다가 보직을 옮기는 브랜드 담당자가 이해할 수 있는 것보다 훨씬 깊고 오래 지속된다. 결국 진정으로 브랜드를 정의하는 이는 소비자다.

여느 또래처럼 나 역시 '열쇠 키드latchkey kid'였다. 열쇠 키드가 뭔지 모르는 이들을 위해 설명하자면, 부모가 모두 일을 나간 탓에 방과 후 빈집에 직접 문을 따고 들어가야 했던 세대의 아이들을 말한다. 우리 어머니는 하루에 열두 시간씩 일하는 날도 있었다. 집에 보호자도 없이 오랫동안 혼자 있노라면 나는 불안감을 느꼈다. 그 시절을 자세히 기억하지는 못한다. 다만 집에 항상 치리오스Cheerios 시리얼이 있었던 것만은 기억난다. 치리오스 브랜드는 나에게 안정감, 안전, 믿음직함의 상징이 되었다. 단순한 먹을거리가 아니라 항상 그 자리에 있는 존재였다. 이것이 내 삶에서 차지하는 치리오스의 의미다. 이 의미를 정의한 것은 제조사인 제너럴 밀스의 마케터나 광고가 아니라, 내 삶이다.

제대로 된 브랜드라면, 소비자와의 관계가 일방통행이 아니라 서로 주고받는 관계라는 걸 안다. 문화와 사람들의 실제 삶에서 그들 브랜드가 차지하는 역할을 분명하게 이해하는 것이다. 그러니 목표는 브랜드의 의미를 통제하는 것이 아니라 그 의미를 포용할 기회를 찾는 것이다. 이로부터 창의력과 브랜드의 개성을 마음껏 펼칠 수 있다. 마치 사랑받는 배우가 경력을 쌓아 가며 성장하고, 실험하고, 심지어 자신과 안 맞는 역할에도 도전하는 것처럼, 이런 브랜드들도 신선함을 유지하면서 소비자를 즐겁게 할 방법을 찾는다.

오늘날의 흥미로운 점은 소비자들이 재미를 바라기만 하는 게 아니라 당연하게 기대한다는 것이다. 과거의 미디어는 일방적으로 소통하는 구조였다. 청중은 인쇄 매체, 라디오, 텔레비전에 갇혀 있었다. 하지만 지금은 소비자들이 브랜드를 자신의 피드로, 삶으로, 미디어 환경으로 초대한다. 브랜드로선 엄청난 선물을 받은 것이나 마찬가지다. 이제 문제는 이것

이다. '브랜드 관리자인 당신은 이 기회를 어떻게 활용할 것인가?' 이 친밀한 연결의 순간을 제품이나 서비스를 강매하는 기회로 사용할 것인가? 여러분, 대답은 바로 '아니오'다.

몇 년 전, HBO의 인기 TV프로그램이었던 〈왕좌의 게임〉의 의상 디자이너가 등장인물의 의상 일부를 이케아에서 판매하는 러그로 만들었다고 밝혔다. 그러자 이케아는 그들의 트레이드마크라 할 상품 조립 설명서를 게시했다. '겨울 어깨 워머VINTER skuldervarmer'를 만드는 법이었다. 이 네 컷짜리 그림에서는 이케아 조립 설명서의 마스코트가 등장해 가위로 러그에 깔끔하게 구멍을 낸 뒤, 나이트 워치의 형제로 변신한다. 이케아가 이런 게시물을 직접 만드는 데 시간과 자원을 투입한 이유는 자사 제품이 대중문화의 상징적인 순간에 등장한 것을 의미 있게 여겨서일 것이다. 비록 자신들이 직접 통제해 이룬 상황은 아니었지만, 이 기회를 재치 있게 소화해 이케아만의 스타일로 써먹을 수 있다고 본 것이다. 그들은 일방적으로 흘러가던 이야기를 쌍방향으로 바꿀 기회를 봤을 것이다. (이케아의 변호사들이 이런 재미에 초를 치는 사람들이 아니었을 테고.) 이것이 현대적인 브랜딩이 아닐까 싶다.

현대적 브랜딩의 세계를 만끽하는 또 다른 브랜드는 KFC다. 그들의 과감한 작업과 광고 회사에 대한 신뢰를 보면, 전혀 두려워하지 않는다는 걸 알 수 있다. KFC는 소비자의 삶에서 자신이 맡은 역할을 명확하게 이해하고 있으며, 이해한 바를 위트 있게 겸손한 톤으로 마치 치킨처럼 뜨겁게 드러낸다. 한때 KFC의 트위터 계정은 딱 11명만 팔로우하고 있었다. 스파이스 걸스 다섯 명과 허브 이름을 가진 사람 여섯 명이었다. 즉 오리지널 치킨 레시피에 들어가는 11가지 허브와 향신료spices다. 그런데 대체 왜? 무엇을 위해 이렇게 하는 것일까? 그들의 투자 대비 수익ROI은 어떻게 될까?

투자 대비 수익에 대해서는 몰라도, 나는 브랜딩은 이해한다. 소비자들이 브랜드에 대해서 알고 생각하고 진실하다고 믿는 것들의 외적인 표현이 바로 브랜딩이다. 그 반대가 아니다. 브랜딩은 통제하는 것이 아니라 상호 작용하는 것이다. 그럴 때에야 재미있고 창의적이고, 궁극적으로는 소비자들이 관심을 갖는다. 흔히 말하는 '비즈니스 현실'에서 이런 것은 무척 드물다.

앤디 배런, 총괄 크리에이티브 디렉터, 터너 더크워스 뉴욕
특집 일러스트레이션: 존 커스터

좋은 선물은 세 가지에 달렸다.
긴장감, 공감, 특별함

기대와 놀라움은 대부분의 선물이 포장되는 이유이자(패키지 디자인 연습도 될 테고), 우리가 포장지 뜯는 걸 좋아하는 이유다. 공감은 선물 받는 사람을 충분히 이해하고 그들이 실제로 바라는 선물을 주는 것이다. 특별함이란 오직 한 사람을 위해, 오직 나만이 줄 수 있는 선물이라는 뜻이다. 이러한 중요한 요소들을 제거하면, 선물은 양말, 스웨터, 상품권 등 그저 그런 것이 되고 만다.

디자인과 브랜딩도 똑같다.

더 높은 차원에서 보면, 최고의 디자인도 선물의 이런 특성을 갖는다. 긴장감은 새로움과 발견으로 나타나고, 공감은 실제 소비자 및 사용자의 필요와 욕구를 파악하는 것이며, 특별함은 그 디자인이 오직 특정 브랜드와 대상 고객만을 위한 것이라는 느낌에서 온다.

이 디자인이라는 선물을 가장 멋지게 교환한 때는 2018년, 맨해튼 미드타운의 창문 없는 회의실이었다. 여러 일로 바쁜 임원들이 관리팀 권유로 억지로 자리에 앉았고, 나는 그들 앞에서 디자인에 대해 무려 한 시간 동안 이야기했다. 우리는 브랜드의 시각적 이미지를 개편하는 작업을 막 시작하려던 참이었고, 이것이 첫 단계였다. 시작하기 전에 나는 경영진에게 앞으로 18개월 동안 일어날 일들, 특히 이 과제가 왜 중요한지 설득해 달라는 요청을 받았다. 디자인의 힘을 보여 주는 정형화된 프레젠테이션으로 발표를 시작하여 우리가 과거에 맡았던 몇몇 대표 작업을 예시로 들었다. 각 사례가 왜 효과적이었는지, 이번 과제와 어떤 관련이 있는지를 설명했다. 청중들이 알아들을 수 있는 사례로 「파이낸셜 타임스」 특유의 연핑크색 종이를 언급했다. 슬라이드로 유명한 로고들을 빠르게 보여 주면서는, FedEx 로고의 'E'와 'x' 사이에 숨겨진 화살표를 무심하게 언급했다. 슬라이드가 몇 장 더 넘어간 뒤 "무슨 화살표요?"라는 뒤늦은 합창에 말이 끊겼다. 잘 놀라지 않는 그 임원들의 마음이 흔들린 것이다. 비록 포장을 뜯는 데 약간의 도움이 필요하긴 했지만, 그 선물은 잘 전달되었다. 아마도, 양쪽 모두에게.

좋은 선물은 교환하는 순간을 넘어서 오래도록 유용하다. 최고의 디자인들도 지속력을 갖는다. 카카오 콩의 독특한 모양에서 따온 코카콜라의 컨투어 병, 페덱스와 아마존의 화살표, 트로피카나 오렌지 주스의 빨대 등등.

나이가 들통날 각오를 하고 말하는데, 이런 생각을 처음 접했던 때가 기억난다. 고등학교 시절 나는 동네 도서관에 가위를 가져가곤 했다. 공예용 엑사토X-ACTO 칼도 모르던 때였고, 무엇보다 도서관에는 누구나 가져갈 수 있는 무료 잡지함이 있었기 때문이다. 나는 『고메Gourmet』, 『건축 다이제스트Architectural Digest』, 『타임Time』, 『에스콰이어Esquire』 등등 유광지에 인쇄한 오래된 잡지들을 샅샅이 뒤지며 몇 시간이고 보냈다. 목표는 하나. TBWA와 미셸 루Michel Roux가 내가 태어난 해부터 25년간 선보인 앱솔루트 보드카 광고의 아직 모으지 못한 버전들을 찾기 위해서였다. 광고의 전제는 단순했다. 루는 기발한 연출과 공들여 가공한 사진·일러스트를 이용해 병의 상징적인 실루엣을 여러 장면에 녹여 넣었다. 그 장면들은 "앱솔루트 __"라는 유연한 헤드라인과 연결됐다. 앱솔루트 퍼펙션, 앱솔루트 L.A., 앱솔루트 워홀 같은 식으로 말이다. 한때 나는 그 광고를 200개도 넘게 모아서 낡은 파란색 폴더에 고이 정리했다. 이 이야기를 쓰는 지금 이 순간에도 스물다섯 해 전 도서관에서 광고를 뒤지던 그때처럼 가슴이 뛰니 놀라운 일이다.

좋은 선물에 대해 이해하는 브랜드 가운데는 미국의 스케이트보드 라이프스타일 브랜드인 슈프림Supreme이 있다. 한정판을 출시하며 기대감을 불러일으키는 방식으로 소비자들에게 다가갔다. 뉴욕 슈프림 플래그십 스토어 앞에서는 새벽부터 길게 늘어선 20대 팬들의 모습을 볼 수 있다. 인근의 그레이트 앤드 배럴 매장 앞에서는 볼 수 없는 광경이다.

또 다른 브랜드는 「뉴욕 타임스」다. 나는 예배라도 보듯 이 신문을 읽는다. 뛰어난 저널리즘만이 아니다. 오피니언 칼럼의 삽화 때문이다. 엄선된 이미지를 세련되게 연출한 영리하고도 아름다운 관찰의 결과물인 그 삽화들은 칼럼의 내용을 선명하게 비춰 준다. 매일 아침 나를 위해 작은 선물을 내놓는, 영원히 열리는 상자 같다.

디자인은 사람들의 보상 중추를
자극하기 위해 존재한다. 우리가 팔기
위해 애쓰는 제품들처럼 말이다.
그 쾌감의 지점을 주저하지 말고
두들기고 또 두들겨야 한다.

우리 디자이너의 주된 역할이 소비자가 클라이언트의 제품을 알아보게 해 주는 것도, 경쟁 브랜드 사이에서 차별성을 부여하거나 브랜드 자산을 구축하는 것도 아님을 설명하기 위해 이 모든 얘기를 하는 것이다. 우리의 진짜 역할은 선물을 받을 때와 똑같은 신경학적·감정적 경험을 만들어 내는 것이다. 도파민, 옥시토신, 세로토닌 분비가 치솟는 물리적 반응을 유도하는 것이다. 디자인은 사람들의 보상 중추를 자극하기 위해 존재한다. 우리가 팔기 위해 애쓰는 제품들처럼 말이다. 그 쾌감의 지점을 주저하지 말고 두들기고 또 두들겨야 한다.

디자인으로 선물하는 방법은 다양하다. 고급 차에 리본을 달아 선물하는 "기억에 남는 12월 December-to-Remember"* 식의 거창한 제스처를 말하는 게 아니다. 때로는 미묘한 것이다.

완벽한 솜씨와 눈길을 사로잡는 표면적 아름다움을 새로운 방식이나 맥락으로 선보이는 것만으로도 충분히 의미 있게 느껴질 수 있다. 이를테면 주류나 향수 카테고리에는 철학적 깊이는 부족하더라도 필요한 조건은 모두 갖춘 작품들이 상당히 많다.

내가 가장 보람차게 느끼는 '디자인 선물'은 위트가 포함된 디자인이다. 그러려면 디자이너, 일러스트레이터, 아트디렉터가 '선물이 될 만한 것'을 알아보는 안목이 있어야 한다. 많은 디자이너들이 경력 내내 우연한 발견을 좇는다. 예상치 못한 연결고리, 계시적인 시각적 유사성, 마법 같은 타이포그래피의 발견 등등. 이런 것들은 디자이너에게도, 보는 이들에게도 모두에게 선물과도 같은 경험이 된다.

디자인을 선물로 인식하는 훌륭한 예는 『이코노미스트』에서 찾을 수 있다. 『이코노미스트』는 재치 있는 카피라이팅으로 잘 알려진, 영리한 커뮤니케이션 전통을 가진 매체다. 그런데 2005년, 광고 회사인 오길비의 싱가포르 지사는 이 잡지를 말 그대로 선물로 만들었다. 그들은 사진작

---

* 렉서스 자동차의 연말 광고 내용과 카피다.

가 로이 장과 함께 수백 권의 잡지를 접고 구부려 세트 위에 배치한 뒤, 위에서 촬영했을 때 커다랗고 주름진 회색 뇌처럼 보이도록 연출했다. 이는 『이코노미스트』가 지적인 사람들을 위한 출판물이라는 것을 시각적으로 강조한 사례다.

우루과이의 마케팅 에이전시 퍼블리시스 임페투Publicis Impetu의 디에고 베센조니는 2015년, 그때까지 최고로 유연한 러닝화였던 나이키 프리 5.0을 소개하기 위해 신발 상자를 일반적인 크기의 3분의 1로 줄여 제작했다. 박스를 열기도 전부터, 신발이 그 안에 무리 없이 접힌 채 들어 있다는 사실만으로도 제품의 유연성을 효과적으로 증명할 수 있었다.

그리고 2018년에는 KFC가 영국에서 닭고기 공급 부족 사태를 겪었을 때, 런던의 광고대행사인 머더 런던Mother London은 브랜드의 약자를 재조합해 욕설을 연상시키는 형태(FCK)로 바꾸어, 배고픈 소비자들에게 미안한 마음을 전했다.

개인적으로 최고의 선물은 미국에서 인종과 형사 정의를 위해 헌신하는 기관인 공정한 정의 이니셔티브EJI와의 작업 중에 찾아왔다. 우리는 그들의 강력한 서사를 온전히 담아낼 수 있게 시각적 요소들을 정교하게 다듬고 그에 걸맞은 디자인 체계를 구축하는 작업을 맡았다. 그때 우리는 불의의 고리가 끊어진 미래를 상징하는 기호를 하나 제안했다. 선물은 그 이름 안에 있었다. 그 아이디어가 떠올랐던 바로 그 순간을 생생히 기억한다. 세로토닌이 분출하는 짜릿한 흥분을 느끼고, 그 아이디어가 사라지기 전에 서둘러 기록했던 그때를 말이다. 나는 '공정함Equal'이라는 단어가 가진 비교의 개념과 '정의Justice'의 이니셜인 'J'를 활용하여 두 개의 J를 겹쳐 끊어진 사슬을 형상화했다. 이 기호는 현재 몽고메리 소재의 레거시 뮤지엄에서 EJI를 기리는 상징으로만 쓰이고 있지만, 그 안에 담긴 은유의 힘은 그들이 전하는 모든 메시지와 깊이 연결되어 있다.

이 사례들은 모든 디자인 및 광고 영역에서 발견할 수 있는 무수한 선물 가운데 극히 일부일 뿐이다. 이런 선물을 주는 입장에 서는 건 업계 종

사자인 우리뿐이지만, 다행스럽게도 이 선물을 받는 건 모든 사람이다.

그날 맨해튼 미드타운에서 얻은 깨달음은 디자인의 힘은 극도로 양가적인 감정을 가진 사람들조차 열렬한 지지자로 바꿀 수 있다는 것이었다. 선물이 딱 맞기만 하다면 말이다.

중요한 것은 마음 | 앤디 배런

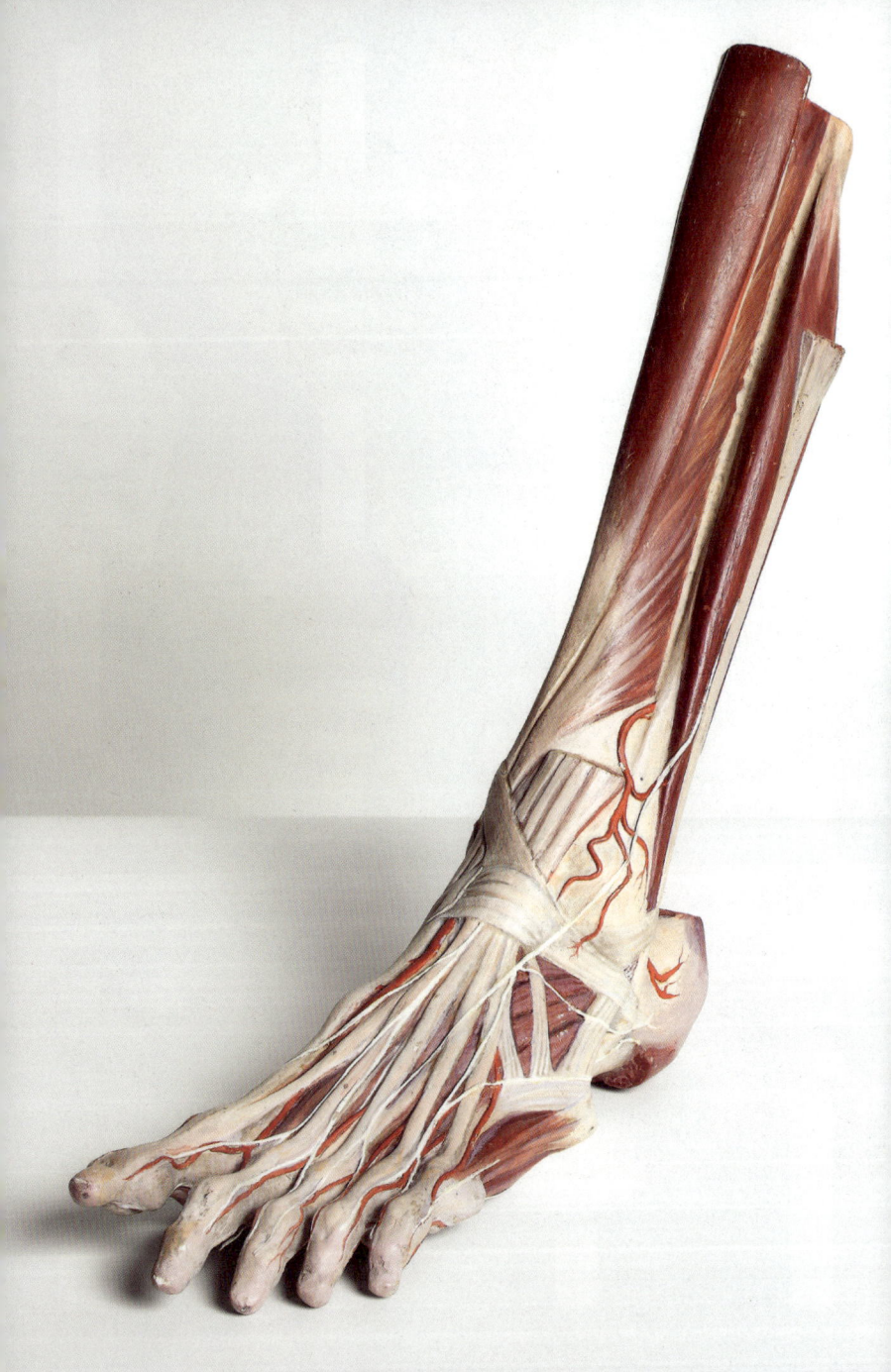

스탠 뮤질렉

사진 에세이

스탠 뮤질렉, 사진가

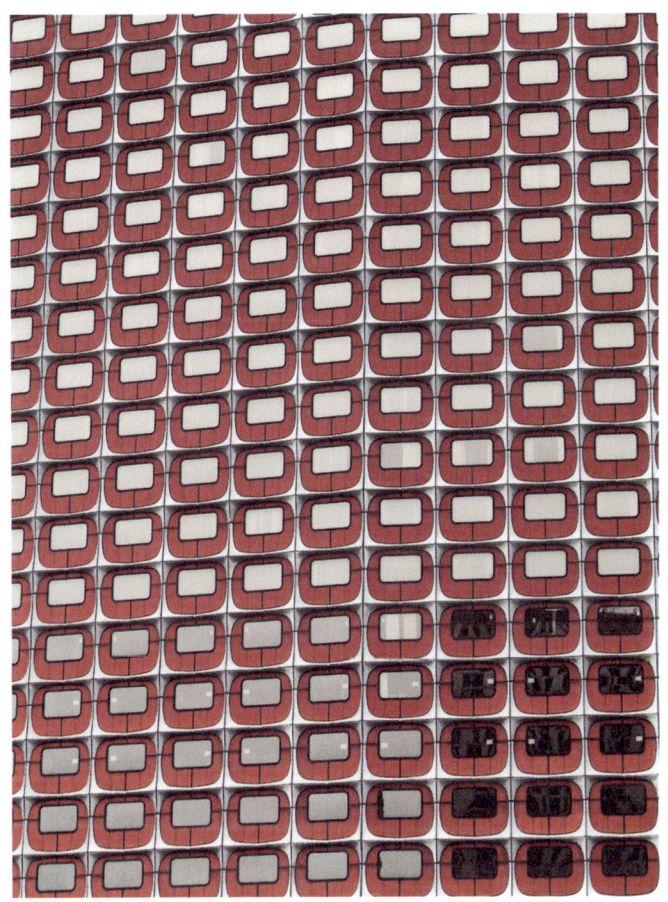

사진 에세이 | 스탠 뮤질렉

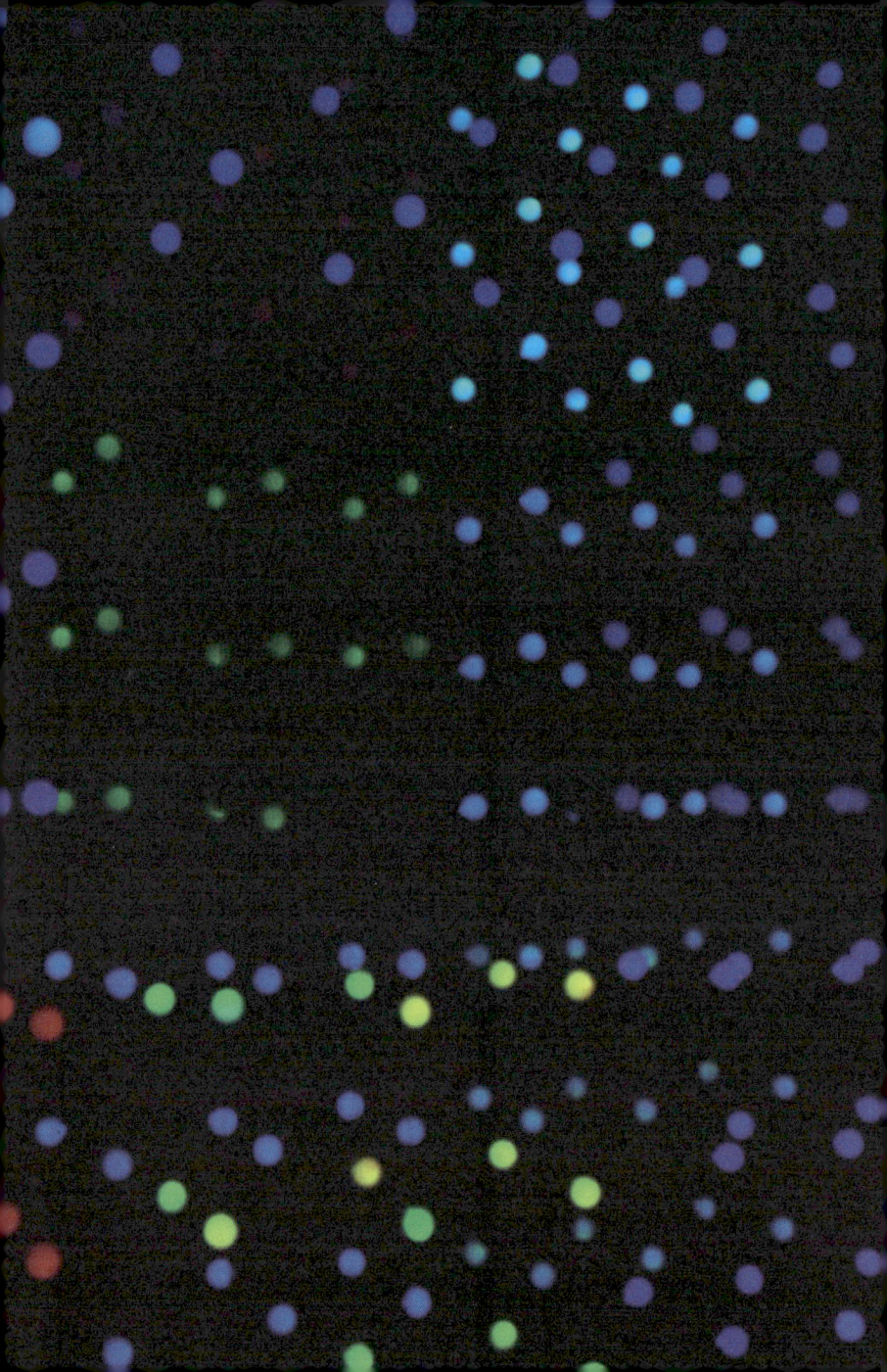

사람들이 사랑하는 마케팅

제시카 스펜스

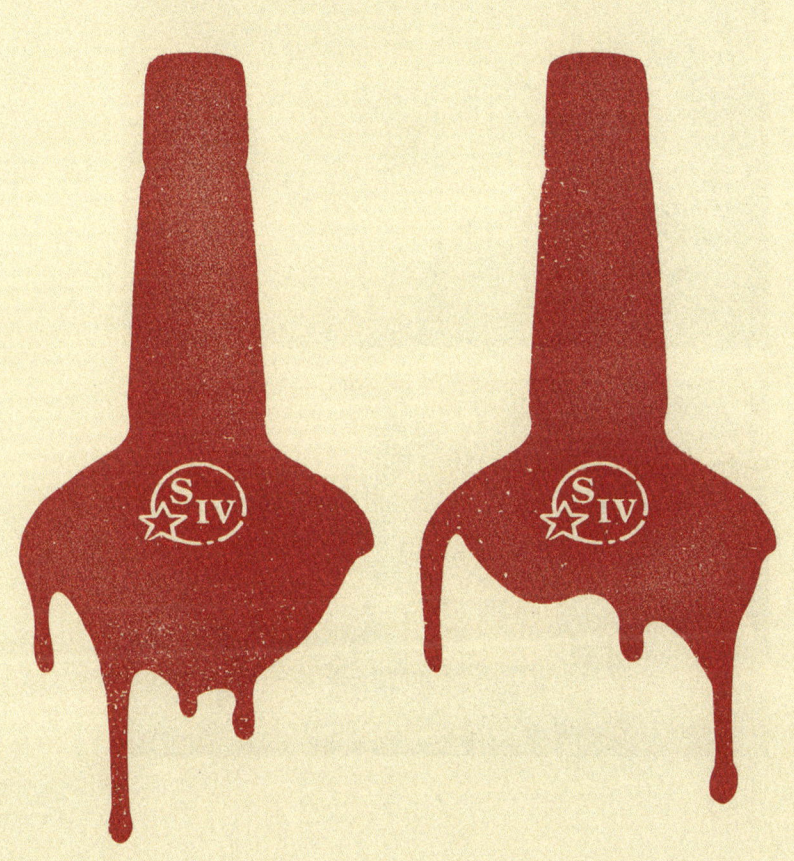

사람들은 아름다운 것을
기꺼이 삶에 들인다.

나는 지난 20년 동안 대부분의 시간을 브랜드를 운영하며 보냈다. 브랜드 구축이나 '상징적인 브랜드 만들기' 같은 것도 아니고, 그저 **잘 굴러가게** 하려고 진땀을 흘렸다. 어려운 일이었다. 놀라운 성공도 몇 번, 처참한 실패도 몇 번 겪으면서 나는 '브랜드'라고 부르는 이 독특한 것이 어떻게 굴러가는지에 대한 확고한 신념을 갖게 됐다. 그중 가장 핵심적인 것은 디자인이 가장 큰 지렛대 역할을 한다는 신념이었다. 브랜드를 잘 굴러가게 하는 데는 디자인만한 게 없다. 오랫동안 대단한 성과를 내 온 브랜드를 떠올려 보라. 디자인이 엉망인 경우를 찾기란 정말 어려울 것이다. 디자인은 좋은데 약한 브랜드는 많아도, 모두들 속하고 싶어 하는 대표적인 브랜드 그룹들은 예외 없이 디자인이 빼어나다. 왜 그럴까? 세 가지 이유가 있다고 본다.

첫째, 디자인은 무시할 수 없기 때문이다. 약 7년 전 다국적 맥주 회사 칼스버그Carlsberg 디자인 작업 당시 브루스 더크워스가 했던 말을 잊지 못한다. "디자인은 사람이 무시할 수도 없고, 무시하고 싶어 하지도 않는 마케팅이다." 오늘날 소비자들은 마케터들의 노력이 그들의 삶에 침투하거나 의식과 무의식 속으로 파고드는 걸 적극적으로 피한다는 이야기를 자주 들을 것이다. 그들은 똑똑하고, 점점 더 다양한 방법으로(기꺼이 비용을 지불하면서까지) 그런 마케팅을 회피한다. 하지만 디자인은 회피할 수 없다. 더 좋게는, 회피하고 싶어 하지도 않는다. 새로운 아이폰을 보고 싶어 하고, 필요하지 않아도 예쁜 제품이 있으면 집어 들며, 새로 출시된 나이키 제품의 디자인에 열광하고, 아름다운 것을 사진 찍어 친구들과 공유하고 싶어 한다. 사람들이 반응하는 건 아름다운 디자인 때문이지, 돈 들여 가며 애써서 눈앞에 들이미는 광고 때문이 아니다. 사람들은 아름다운 것을 기꺼이 삶에 들인다. 그리고 솔직히 말해, 브랜드 담당자인 우리가 만들어 내는 대부분의 것들은 거기에 끼지 못한다.

둘째, 디자인은 브랜드가 가진 어떤 수단보다 더 명확하게 메시지를 전달하기 때문이다. 우리는 늘 '그림 한 장이 천 마디 말보다 낫다'는 진부한 표현을 들어 왔다. 소셜 미디어 영상의 대부분이 스마트폰에서 음소거된 상태로 소비되는 시대에도, 여전히 기업이든 광고 대행사든 '말과 영상'으로 스토리텔링하는 데 집착한다. 브랜드 아이디어를 설명하겠다고 하면서 첫 질문이 "TV 광고는 어떻게 나올까?"인 경우를 보면 한숨이 나온다. '더 좋아 보이게 만들어' 달라고 할 뿐인 디자인 요청서를 너무 많이 본다. 그런 건 요청서라고 볼 수도 없다. 조금 더 노력해서 "더 눈에 띄게" 혹은 "현대적으로 보이게" 같은 표현을 쓰기도 하지만, 결국 본질은 같다. 그저 '더 나아 보이게 해 달라'고 요구하는 건 안일한 태도고, 핵심을 놓치는 일이다. 디자인에서 중요한 것은 무엇을 말하고 싶은지를 명확하게 정하는 것이다. 디자인의 모든 요소는 의도를 담고 있어야 한다. 즉 브랜드의 이야기를 전달해야 한다. 왜냐하면 디자인은 전달할 것이기 때문이다. 당신의 역할은 디자인이 올바르게 전달할 수 있도록 만드는 것이다. 브루스가 '모든 것은 무언가를 전달한다'라고 말했듯이 말이다.

버번 위스키를 수제로 생산하는 메이커스 마크 Maker's Mark와 만났을 때, 우리는 이 브랜드가 여느 브랜드와는 다르다는 것을 알았다. 하지만 그 디자인이 주는 매끈하고 검고 반짝이는 이미지는 기계로 만든 듯한 인상을 주었다. 수제 생산이라고 아무리 설명해 봤자 사람들이 보는 모든 것은 정반대를 외쳤던 것이다. 어떻게 됐을까? 사람들은 우리가 하는 말이 아니라, 항상 그렇듯이 디자인에서 전달되는 의미를 믿었다. 디자인만 제대로 해내면 사람들은 당신이 말하고자 하는 바를 느낀다. 항상 말로 표현되지는 않더라도 그 느낌은 틀림없이 거기에 있다. 크고 명확하게, 그리고 천 마디 말로도 할 수 없는 힘든 일을 해내면서.

셋째, 디자인은 지속되기 때문이다. 지속되어야 하기도 하고. 우리는 한 가지 디자인이 지속되기를 바란다. 디자인을 바꾸는 데는 일반적으로 인력과 비용 모두 상당히 들어가므로, 다행스럽게도 디자인이 그리 자주

'더 좋아 보이게 만들어' 달라고 할 뿐인 디자인 요청서를 너무 많이 본다. 그런 건 요청서라고 볼 수도 없다.

바뀌지는 않는다. 하지만 비용과 노력 외에도 또 다른 이유가 있다. 사람들은 브랜드가 어떤 모습인지를 인식하고 나서 사랑하게 된다. 디자인을 바꾼다는 것은 큰 위험을 감수하는 일이다. 이는 곧 디자인이야말로 가장 높은 수준의 판단을 내리고 오래오래 에이전시와 관계를 유지하며 가장 철저하게 통제해야 하는 요소라는 뜻이다. 사람들은 기업들이 형편없는 소셜 및 대중 미디어 콘텐츠를 내보내는 일에는 상당히 관대하다. 어차피 그런 건 오늘날에도 '소모성' 콘텐츠에 불과하기 때문이다. 하지만 디자인은 다르다. 디자인을 잘못 건드렸다간 용서받지 못한다. 사람들은 그걸 잊지도 않는다. 브랜드가 급격히 하락하는 원인은 품질 때문이거나 디자인을 잘못 바꾸어서지, 나쁜 콘텐츠 하나 때문에 그러는 경우는 거의 없다. 너무 많이, 너무 빠르게, 진정성이 느껴지지 않는 잘못된 방식으로 디자인을 바꾸면 내 편을 순식간에 잃어버릴 것이다. 반대로 디자인을 잘 다룬다면 엄청난 자산이 될 것이다. 칼스버그는 맥주 브랜드 가운데 가장 알아보기 쉽고 사랑받는 로고를 가지고 있었다. 일단 그 사실을 깨닫고 나자, 칼스버그 로고는 믿을 수 없을 정도로 강력한 힘을 발휘했다. 우리는 한때 칼스버그의 독특한 서체로 'Probably'라는 단어를 선보이는 후원 캠페인을 진행했다. 그 결과, 칼스버그는 코카콜라와 맥도널드를 포함한 여러 후원사 가운데서 두 번째로 높은 브랜드 인지도를 기록했다. 시각적 자산에서 절대적인 일관성을 유지하면 헤아릴 수 없을 만큼 강력한 힘이 생긴다. 따라서 핵심 자산을 제대로 존중하고, 가장 높은 수준에서 그것들을 통제하고, 이를 잘 알고 사랑하며, 제품 품질을 지키는 것만큼이나 철저히 보호해야 한다.

 자, 이것이 디자인을 항상 최우선으로 다뤄야 하는 세 가지 이유다. 나는 '브랜드가 굴러가도록 만드는' 여정을 이어 가면서, 그 방법에 대한 관점이 더욱 확고해졌다. 이러한 생각과 원칙을 북극성으로 삼아, 어디에 시간과 에너지를 집중적으로 쏟을지 늘 되새긴다. 그리고 이 모든 좋은 이유 말고도, 디자인 작업은 그냥 즐겁다. 브랜드만의 아름다운 세계를 창조하는 경험만큼 좋은 건 없다. 유산을 보호하고 존중하며, 이야기를 전달하고, 그것을 경험하는 사람들에게 기쁨을 주는 그런 세계 말이다. 나는 이 일을 사랑한다.

HORNITOS®

OUR ANCESTORS CALLED THE
PLANT EL ÁRBOL DE LAS MAR
OR "THE TREE OF WONDERS."
IT PROVIDED FOOD, SHELTER,
AND PULQUE, THE NECTAR OF
TREE OF WONDERS
MADE PROUDLY
EST. 1950
100%
AGAVE
RNITOS®
PURO DE AGAVE
0% ALC/VOL · 750 mL ·
PLATA
UNAGED

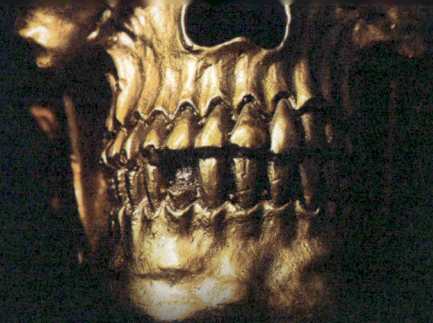

PERSEVERANCE · PRIDE · PASSION

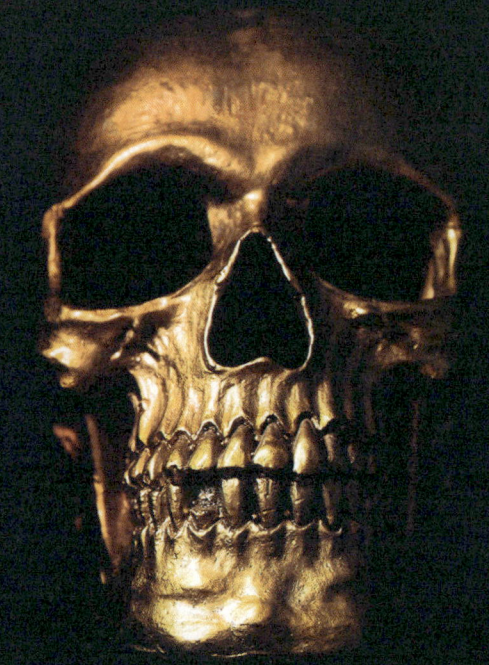

TRES GENERACIONES®

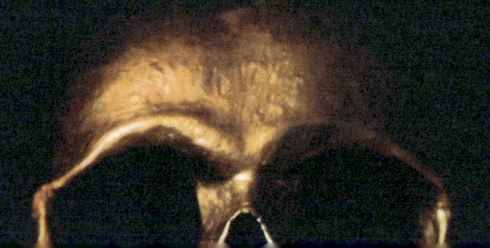

세상으로 향하는 문
팀 오언

팀 오언, 기획 책임자, 터너 더크워스 런던

어떤 것들은 종종 우리를 전혀 다른 세계로 데려간다.

어느 날, 수두에 걸린 어린 아들 제임스와 함께 〈미스터 벤Mr Benn〉 시리즈를 보고 있었다. 미스터 벤은 1970년대 영국 어린이 프로그램을 대표하는 만화 캐릭터로, 중절모를 쓰고 다닌다. 그는 매 회마다 같은 방식으로 하루를 시작한다. 집을 나선 미스터 벤은 빅토리아풍 연립 주택과 놀고 있는 아이들을 지나 길을 걷는다. 그리고 옷 가게에 들어가면 언제나 같은 점원이 그를 맞는다. 약간 망설이다가 미스터 벤은 옷을 고르고 탈의실에 들어간다. 옷을 갈아입고 나면, 문 너머는 더 이상 옷 가게가 아니다. 그는 전혀 다른 세계에 와 있다. 동굴에 사는 석기시대 사람이 되거나, 우주 공간을 떠다니는 우주인이 되는 식이다.

어쩐지 이 장면은 디자인 일을 하며 느끼는 가장 근사한 점을 떠올리게 했다. 그것은 바로 디자인이 다른 세계로 가는 문을 열어 준다는 것이다. 맥주, 시리얼, 은행, 향수 등 다양한 브랜드의 정체성을 만드는 과정에서 우리는 그 브랜드가 뿌리내릴 수 있는 세계를 상상하고 구축해야 한다. 그래서 미스터 벤처럼 우리는 문을 열고 또 다른 세계로 들어간다.

그 문이 수제 맥주의 세계로 이어지는 때도 있다. 스테인리스스틸 원통과 반짝이는 LED 조명, 복잡한 케이블로 가득한 그 세계에서는 문신과 수염을 기르고 검은 티셔츠를 입은 스무 살 언저리의 청년들이 스위치를 누르고 다이얼을 돌린다. 바닥의 물웅덩이들과 홉 냄새만 빼면 마치 엄청나게 큰 전자음악 스튜디오 같다.

프랑스 북부의 주물 공장으로 문이 열리기도 했다. 우리는 3.6미터 높이의 석재 도가니가 우리 쪽으로 기울어지며 하얗게 달아오른 쇳물을 쏟아 내는 모습을 보며 뒤로 물러선다. 쇳물은 생산 라인을 따라 흘러가면서 호박색과 빨간색으로 변한 뒤 유성 모래 주형으로 들어갔다. 컨베이어 벨트를 지나면서 모래 주형이 부스러지고, 그 속에 있던 철제 팬이 떨어져 나온다. 연마·광택 작업 후에 그 유명한 '볼케이노' 색상*의 유약

---

*   르쿠르제의 주황색을 말한다.

을 입히려고 분말에 담근다. 그런 산업 현장을 보는 것은 놀라운 일이다. 1780년에 영국 콜브룩데일에서 봤을 법한 모습이다. '산업혁명의 요람'이라 불리는 그곳에서는 산더미 같은 석탄을 태워 철광석을 녹이고 증기력을 만들어 냈다.

또 다른 문을 열고 가니, 런던 본드 스트리트에 있는 세계적인 문구점의 기록실이었다. 1900년대에 12색 동판 인쇄한 편지를 들여다보고 있는데, 작은 문장紋章 안쪽 여백에는 손으로 깎은 자개가 세공되어 있다. 상상이나 되는 정교함인가. 선반에서 내리는 상자마다 보물로 그득하다. 여왕의 일기가 보관된 상자도 있다. 의회 속기록 모음집처럼 묵직한 이 책들은 가장자리에 금박을 두른 채 오래 묵은 듯 보이는 참나무 무늬(실제로는 아닌) 케이스에 담겨 있다. 각각 하루에 한 쪽씩 할애된 일기장이다. 다른 상자에서 나온 에드워드 시대 연하장에는 나비와 벌과 제비가 양각으로 반짝반짝 섬세하게 새겨져 있다. 또 다른 상자에는 누군가의 일평생을 담은 일기가 광물색 표지로 묶여 있다. 그 비밀을 지키는 것은 정교하게 연마된 은제 걸쇠다.

어떤 것들은 종종 우리를 전혀 다른 세계로 데려간다. 프로젝트를 진행하다 한 위스키 브랜드의 기록실에서 1950년대 증류소에서 자란 어느 여성의 회고록을 읽은 적이 있다. 그녀는 "조용한 골짜기"에 대해 썼다. 그 골짜기는 "오랜 삶의 방식과 위스키 제조법이 이어지고", "키 높은 굴뚝에서 토탄 연기가 나오고, 공기는 발효 중인 보리의 달콤한 향기로 가득하며", "아이들이 맥아 곳간에서 놀며 토탄 무더기 뒤에 숨고 개천을 막고 노는 곳"이다. 그 시절의 위스키는 그러한 세계를 닮아 있었다. 1950년대에 생산된 위스키에서는 "꽃, 갓 구운 빵, 히스꽃, 연기, 닦아낸 참나무" 향이 났다. 그 세계는 우리가 발 들일 수 있는 그 어떤 곳보다 풍성한 세계다. 그런 세계는 1978년 주디스 윌리엄슨이 『광고의 기호학 Decoding Advertisements』에서 말한 "마음속의 제국"을 구축한다. 색을 어떻게 구성할지, 로고와 글자를 어떻게 디자인할지, 유리잔의 형태나 종이의

질감을 어떻게 선택할지 등등 디자인의 여러 요소들을 통해 그런 세계는 구체적으로 모습을 드러낸다.

크든 작든 모든 프로젝트는 문을 끊임없이 열어 준다. 블리치 프로젝트가 그랬다. 아마도 표백제는 실제로 남는 실체가 없기 때문에(표백제가 더러운 흔적을 지우고 나면 결국 아무것도 남지 않으니), 영감을 얻기 위해 더 멀리 내다봐야 했다. 이 프로젝트는 나와 동료들을 향해 세상의 온갖 문들을 열어젖혔다. 융의 원형, 『티베트 사자의 서 Tibetan Book of the Dead』, 원시 인도-유럽어의 뿌리, 영국 인류학자 메리 더글러스와 그녀가 '제자리를 벗어난 것'이라고 정의한 더러움. 그 밖에도 더 많았다.

디자인 일을 하다 보면, 이런 세계들을 수백, 아니 수천 번도 넘게 만나게 된다. 이 세계는 더 많은 세계로 이어진다. 어떤 세계는 실제로 존재하고, 또 어떤 세계는 상상 속에 있다. 어디론가 나아가 무언가로 발전하는 세계도 있지만 그렇지 않은 세계도 있다. 작은 들판으로 이루어진 조각보 같은 세계들이다. 그리하여 결국 당신은 온갖 것들에 대해 조금씩은 알게 된다. 로키산맥, 효모, 장미와 성을 그린 민화, 유기농업, 잉크, 맥아통, 베를린, 장식 서체, 인식perception, 리오하 와인 등등 무수히 많은 것들.

물론 그중 최고는 우리가 직접 창조한 세계다. 이러한 세계는 한 프로젝트를 시작할 때, 범죄 영화 장면처럼 벽에 잔뜩 붙인 자료와 사진과 문서들로부터 서서히 등장한다. 처음에는 팀원들이 바라보는 '점'으로 시작한다. 그 점들은 서서히 연결되어 간다. 예컨대 어느 유명 햄버거 브랜드를 작업하던 누군가는 '불로 요리하기'라는 점과 '예측 불가능'이라는 점과 '트릭스터trickster'라는 점을 이어 보고는 거기서 무언가 창의적인 실마리를 발견한다. 또 누군가는 개조한 자동차를 생각하면서 '1954'라는 점과 '커스터마이징'이라는 점을 연결한다. 사람들은 점과 단어 위에서 아이디어를 다듬는다. 단어들은 이미지가 되고, 이미지들 사이로 어떤 패턴과 어떤 형태가 혼돈 속에서 모습을 드러내기 시작한다. 한참 바라보면 점들 속에서 서서히 닥스훈트 같은 형상이 보이는 매직아이 그림처럼.

지난해 우리는 아이슬란드 전통 요거트인 스키르를 재해석해 내놓은 것으로 유명한 아이슬란딕 프로비전스Icelandic Provisions의 브랜드 아이덴티티 작업을 진행했다. 이는 앞서 말한 과정을 보여 주는 좋은 사례다. 식량provisions이라는 개념, 전통 발효균으로 만든 요거트 등의 아이디어들을 벽에 붙여 가며 자유롭게 탐색했다. 그러다 누군가 바이킹 선박을 그렸는데, 처음에는 바이킹 느낌이 과도해 다듬어야 했다. 날카롭고 뱀 같았던 뱃머리가 부드럽고 크림 같은 느낌으로 수정되었다. 이후 또 다른 동료가 'Provisions'라는 단어 속 두 개의 'O' 안에 9세기 느낌이 나도록 점을 찍었다. 그 'O'들은 마치 방패처럼 보였다. 또 다른 동료는 선체에 윤곽선을 그렸다. 이제 단어 'Provisions'는 배의 내부에 자리 잡은 듯 보였다. 'O' 방패는 그 선을 따라 자연스럽게 걸려 있었다. 룬 문자에서 착안한 서체와 나무에 새긴 듯한 견과류·베리 그림과 함께 하나의 세계를 구성하는 다른 요소들(색상, 서체, 소재 등)도 모습을 드러냈다. 선박은 바다 위, 하늘 아래 어딘가의 공간에 자연스럽게 자리를 잡았다. 우리는 이 세계로부터

로키산맥, 효모,
장미와 성을 그린
민화, 유기농업, 잉크,
맥아 통, 베를린, 장식
서체, 인식, 리오하
와인 등등.

패키지 디자인, 포스터, 영상 등의 결과물로 뻗어 나갔다. 물론 이 모든 과정이 처음부터 매끄럽게 진행되지는 않았다. 현실에서는 더 복잡하고 정신없고, 가다서다를 반복한다. 그래도 대체로는 이렇게 세계가 만들어진다. 단어에서 이미지로, 혼돈에서 패턴으로 말이다. 프로젝트마다 우리가 창조한 세계들이 구현된다.

이것이 바로 디자인 일의 묘미다. 이렇게 다양한 세계로 통하는 문을 열어 주는 직업은 드물다. 그 세계를 직접 창조하라며 반겨 주는 직업은 더더욱 드물다.

A WONDERFULLY THICK ✳ CERTIFIED ICELANDIC HEIRLOOM CULTURES ✳ FOR EXTRA CREAMINESS ✳ WHOLE MILK

ICELANDIC PROVIS...

EXTRA C...
SK...

궁극적인 신뢰의 도약　　　　조앤 챈

둥지 사진: 리처드 반스, 「긴꼬리때까치」(2000)

조앤 챈, 최고경영자, 터너 더크워스

나는 깔끔함에 집착하는 계획형 인간이다. 곤도 마리에 같은 유형이 아니라, 강박적인 유형에 가깝다.

나는 깔끔함에 집착하는 계획형 인간이다. 정리 전문가 곤도 마리에 같다는 게 아니라 강박적인 유형에 가깝다. 1년 동안 사용하지 않은 것은 무엇이든 없애 버린다. 나는 메일함에 이메일이 스무 통 이상 쌓이는 걸 참지 못하고, 정시란 곧 '5분 일찍'이라고 믿는다. 하지만 지금까지 직장에서 만난 대부분의 예술가·창작자들은 계획형이기는커녕 늘 지각하고 이메일도 잘 확인하지 않았다. 물건은 잔뜩 쌓아 두고. 그들이 나를 미치게 만들지는 않았는지 걱정되는가? 솔직히 말하면 과거에는 좀 그랬지만, 나는 결국 그들을 진심으로 사랑하게 되었다.

그 사랑이 자연스럽게 싹트지는 않았다. 창작자인 동료들과 일하면서 나는 극도의 불안과 좌절을 경험했다. 한쪽 발은 이동식 탑승교를, 다른 발은 비행기 안을 딛고 선 채로 비행기 문을 닫지 말아 달라고 승무원에게 울듯이 애걸해 비행기 출발을 지연시킨 적이 있었다. 우리 크리에이티브 디렉터가 게이트 하나쯤 떨어진 곳에서 시간 가는 줄도 모르고 잡지를 보느라 탑승하지 않았던 것이다. 몇 년 전에는 이런 일도 있었다. 우리가 따낸 가장 큰 고객사 발주 건에 대해 1차 디자인 프레젠테이션을 하러 오리건주로 떠날 예정이었는데, 그날 새벽 2시 30분쯤 나는 집에 가서 잠시라도 눈을 붙이라는 말을 들었다. 디자이너들과 크리에이티브 디렉터는 "프레젠테이션을 할 때 누군가는 맑은 정신이어야 한다"며 나는 집에 보내고 자신들은 계속 남아서 작업을 마무리했다. 6시에 다시 스튜디오로 돌아가 보니 바닥은 출력물 천지였다. 녹초가 된 크리에이티브팀은 데이비드 터너 주위에 모여 출력물 한 장을 바라보고 있었다. 데이비드가 나를 올려다보더니, 조용히 말했다. "우리 아직 못 끝냈어." 나는 고객사에 연락해 어찌어찌 그날 마지막 일정으로 프레젠테이션을 미루고 항공편도 바꿨다. 그다음에는 솔직하게 털어놓고 싹싹 비는 일이 남아 있었다.

내 성격이 조급한 탓에 초창기엔 크리에이티브팀을 들들 볶곤 했다. 한 시간 전, 30분 전, 5분 전 하는 식으로 마감까지 남은 시간을 불러 주며 압박했다. 지금은 최고 크리에이티브 책임자가 된 20년 넘게 함께 일

한 동료는 나에게 이런 말까지 들은 적이 있단다. "발표 마무리까지 1분 48초 남았어." 당시 젊은 어카운트 매니저로서 나는 고객의 기대에 부응하고 제시간에 결과물을 전달하고 싶었다. 납품이 한 시간쯤 늦은 이유나 프레젠테이션을 하루이틀 미뤄야 하는 이유를 설명해야 하는 게 정말 싫었다.

지난 25년을 돌아보면, 납품이 늦는 건 수백 번에 한 번, 프레젠테이션을 미루는 건 수천 번에 한 번 꼴이었다. 업무 지연을 용납하지 못하는 고객사도 하나쯤 있었겠지만, 그보다 훨씬 많은 고객들이 우리가 언제나 기한을 지켜 낸 점을 높이 평가해 주었다.

비창작자에게 창작 과정은 마치 새가 둥지를 짓는 것처럼 보인다. 새들은 예측 가능한 방향으로 날지 않는다. 새들은 둥지에 계속해서 나뭇가지와 잎을 더한다. 다 완성된 것 같은데도, 또다시 날아가 별 용도도 없어 보이는 나뭇가지를 또 가져온다. 둥지에서 가지를 몇 개 빼서 버리곤 한참 쉬러 갔다가, 나중에 돌아와 분주하게 이리저리 오가기도 한다. 새들의 움직임은 예측할 수 없을 정도로 무작위적이어서, 체계 없는 광기처럼 보인다. 그러다 갑자기, 완성된다. 바람과 비와 천적들을 견뎌 내는 자연적 기계 공학의 경이로운 걸작이 말이다.

둥지를 만드는 일처럼 창작 과정도 정신없이 흩어져 있고 비선형적이다. 프레젠테이션하기 몇 시간 전이나 몇 분 전이 되어서야 기적적으로 완성된다. 나 같은 계획형 인간들은 안절부절못하면서 창작자에게 시간이 다 되었다는 경고를 주고 싶은 유혹을 참아야 한다. 창작자에게 스트레스를 준다고 해서 일이 빨리 끝나지는 않는다. 창의적인 협업에는 깊은 신뢰가 필요하다. 함께 일하는 동료들을 믿어야 하는 것이다. 그들은 굳이 알려 주지 않아도 마감 기한을 알고 있고, 지금이 발표 30분 전이라는 사실도 잘 알기에 마지막으로 이미지를 배치하고 글자들을 미세하게 조정하며 분주하게 움직인다. 모든 세부 사항을 완벽하게 다듬으려 애쓰느라 프레젠테이션을 앞두고 며칠간 잠도 못 잤을 것이다. 그들 마음속이 이미 수많은 의심으로 가득하므로, "이게 정말 클라이언트 요청에 부합한 걸까?" 같은 질문은 쓸데없다.

끊임없이 고민하는 창작자들이 한없이 존경스럽다. 그들은 어떻게든 더 나은 결과물을 만들기 위해 온 힘을 다한다. 마지막의 마지막 순간까지 그렇게 한다. '이 정도면 괜찮다'는 말은 그들 사전에 없다. 창작자들에게 가장 좋은 환경이란, 자신이 안전하다고 느낄 수 있는 곳이다. 어카운트팀과 재무팀과 경영진이 그들의 뒤를 든든하게 받쳐야 한다. 그들은 터무니없어 보이는 시도도 해 볼 수 있어야 한다. 성공하기 전에는 실패할 수 있어야 하며, 맑게 보기 위해 한동안 진흙탕을 허우적대는 시간도 필요하다. 더 자유롭게 시도하고 확장할수록 더 나은 결과가 나온다. 확신을 가지고 올바른 것에 도달하려면 먼저 무엇이 틀렸는지 이해해야 하니까.

상업적 크리에이티브 영역에서 뛰어난 성과를 내려면 과정에 대한 신뢰가 필요하다. 하지만 그 실제 '과정'이란 무(완전한 무는 아니지만)에서 유를 만들어 내는 예술적 감각과 재능을 지닌 사람들의 집합에 가깝다. 디지털이든 아날로그든, 우리 크리에이티브팀이 빈 캔버스에서 시작해 만들어 내는 것들을 보면 감탄을 금할 수 없다. 처음에는 나뭇가지와 잡동사니가 무질서하게 흩어진 것처럼 보이지만, 결국 그것은 예술 작품으로 완성된다.

고객과의 회의를 단 몇 분 앞두고 프레젠테이션이 완성될 때의 감정을 뭘로 설명할 수 있을까. 아드레날린이 솟구치고 긴장이 고조된다. 거기에 너무 많은 게 달려 있다. 크리에이티브팀이 공개하는 최종 결과물은 별 힘도 안 들여 만든 것처럼 자연스러워 보이지만, 그걸 내놓기까지의 과정은 결코 쉽지 않았다. 고객의 얼굴에 떠오르는 놀라움과 기쁨, 탁월한 아이디어에 대한 경의야말로 지난한 고생을 보상해 준다. 크리에이티브팀과 어카운트팀은 안도의 한숨을 쉬며 성공적으로 마무리했음을 의기양양 기뻐한다. 하지만 그런 순간도 잠시, 고객의 피드백이 도착하면 다시 시작이다.

내 경험상, 훌륭한 AE는 계획형 인간이다. 그중에서도 최고는 프로젝트를 주어진 시간과 예산에 맞추어 진행하고, 진정한 파트너로서 창의적인 프로세스를 부드럽게 관리하는 탁월한 기술을 익힌 사람이다. 그들은 필요할 때는 언제든지 팀 안으로 뛰어들어 고객사의 피드백을 명확히 전달하고, 요청이 있을 경우 크리에이티브 작업에 의견을 보탤 수 있어야 하며, 창작자들이 본연의 일을 할 수 있게 조용히 물러나야 한다. 누군가의 어깨 너머로 감시하듯 지켜보는 일은 금물이다. AE라는 일은 본질적으로 스트레스가 많지만, 그 긴장감을 창작자들에게 그대로 전달해 봤자 결과물이 나빠지기만 한다. 무엇보다 중요한 것은 AE가 자신이 함께 일하는 창작자들의 독특함과 예민함과 탁월함을 진심으로 사랑할 줄 알아야 한다는 점이다. 결국 사랑이, 모든 것을 좋게 만든다.

스티키 모먼트
크리스 가비

수년 전, 한 동료가 다른 동료 때문에
힘들어 했다. 그를 위로하고 싶었지만,
창작자 특유의 내향성 때문에 동료에게
직접 말을 건네기보다는 뭔가를 만들어
주기로 했다.

크리스 가비,
수석 크리에이티브 디렉터, 터너 더크웍스 샌프란시스코

    나는 포스트잇에 동료가 견과류 동승자를 가득 태운 차를 운전하는 그림을 그렸고, 그 아래에는 'Driving me nuts(나를 미치게 해)'라고 썼다. 말장난이 담긴 그림 낙서는 원하던 효과를 거두었다. 동료는 그걸 좋아했고, 컴퓨터 모니터 뒤에 숨겨 두곤 또 다른 걸 그려 달라고 요청했다.

    자연스럽게 이 일이 다음 과정으로 이어졌다. 포스트잇에 말장난 그림을 하나 그리면, 그 아이디어를 해석할 수 있는 방식이 세 가지쯤 떠올랐다. 그 세 가지를 그리고 나면 또 다른 말장난이 떠올랐다. 아이디어가 끊임없이 밀려왔다. 그러다 문득, 그날의 디자인 요청서를 다시 들여다봤다(돈 받는 일도 하긴 해야 하니까). 전날 밤까지만 해도 불가능해 보였던 과제가, 이제는 최소 세 가지 방향으로 쉽게 풀려 나갔다. 도대체 내가 뭘 열어 버린 거지?

하이에나 아래로:*
「도넛Doe Nut」,
「아나니―마우스Anony-Mouse」,
「울타리 돼지Hedge Hog」.

---

*　❶ 도Doe는 사슴이라는 뜻이다. ❷ anonymous가 '익명'이라는 뜻이므로 쥐의 눈을 가렸다. ❸ Hedge는 울타리, Hog는 멧돼지, Hedgehog는 고슴도치다.

종종 사람들은 '영리함'이 타고난 재능의 산물이라고 말하곤 하지만, 그것은 사실이 아니다. 영리함은 연습으로 기를 수 있는 능력이다. 체력과 근력을 늘리고 싶으면 헬스장에 가서 워밍업하고 근육을 단련한다. 체력을 키워 주는 것은 이런 '루틴'이다. 창의적 사고도 마찬가지로 워밍업이 필요하다.

내가 아침에 남편에게 건네는 첫 네 마디는 최악일 땐 멍청하고 잘해 봤자 시시하다. 다섯 번째부터 좀 흥미로워진다. 이상하리만치 일관되게 첫 네 개의 포스트잇 낙서는 대부분 별로다. 다섯 번째쯤 되어야 키득키득 웃음이 터진다. 지금까지 말장난 그림을 5천 개 넘게 그려 왔지만, 나는 아직도 매일 아침 새로운 것을 생각하며 끄적거린다. 이 연습은 하루를 시작하며 정신을 깨우는 데 언제나 효과적이며, 업무 중 창의적인 해결책을 찾는 데에도 도움이 된다.

루이스 캐럴의 『거울 나라의 앨리스』에서 하얀 여왕은 다음과 같은 말을 한다.

"그건 도저히 믿을 수 없어요!" 앨리스가 말했다.
"못 믿겠다고?" 여왕은 동정하는 투로 말했다. "다시 해 봐. 숨을 깊이 들이마시고 눈을 감아 봐."
앨리스는 웃으며 말했다. "소용없어요. 불가능한 걸 믿을 수는 없어요."
"연습이 부족해서 그런 거란다." 여왕이 말했다. "내가 네 나이 때에는 하루에 30분씩 불가능한 걸 믿는 연습을 했단다. 아침도 먹기 전에 불가능한 일을 여섯 개나 믿은 날도 있었지."

'스티키 모먼트' 낙서로 불리게 된 이 그림이 가진 부수적 효과를 깨닫는 데는 시간이 더 걸렸다. 직장에서 그리는 것이라 내가 일을 안 하는 것처럼 보일까 봐 들키지 않으려고 빨리빨리 대충대충 그렸다. 그림에는 늘

하메사 아래로.*
「치즈의 마법사 Cheese Wiz」
「피아-어미드 Peer-Amid」
「감정 기복 Mood Swings」

* ❶ 'Cheez Whiz'라는 실제 제품 이름과 cheese(치즈) + wiz(마법사)의 이중 의미를 활용한 말장난. ❷ Pyramid(피라미드)의 발음을 이용해 peer(들여다보다) + amid(~의 가운데)의 뜻을 겹쳐 쓴 언어유희. ❸ 감정 기복을 뜻하는 moodswing을 단어 그대로 시각화한 것.

오류가 있었다. 철자가 틀리거나, 선이 이어지지 않거나, 구도가 어설프거나, 눈이 비뚤어졌다. 그림들은 대체로 지저분했고, '디자인되지 않은' 느낌이었다. 나는 펜과 파스텔로 정교하게 그린 포트폴리오를 들고 디자인 학교를 졸업했다. 당시 내 무기는 완벽주의였다. 모든 것이 완벽해야 했다. 이제서 실수투성이인 지저분한 낙서를 그려 대며 내심으로는 몹시 초조했다.

그런데 정작 내 책상을 지나가는 사람들은 가장 엉성하게 그린 낙서를 보며 가장 크게 웃었다. 도대체 왜 그런 걸까? '고양이 항문cat's asshole'에 관한 말장난만 해도 이미 세 개는 그려 봤다. 그런데 왜 이것만, 선은 잔뜩 뒤틀리고 펜 자국도 번진 '스핑크스-항문Sphinx-ter'만 유독 그렇게 웃긴 걸까? '고양이 항문 트로피(cat-ass-trophy)'라고 하지 않을 수가 없다.*

나는 완벽주의가 나를 갉아먹고 있다는 걸 깨달았다. 매일 늦은 밤까지 일하고, 파트너에 무심하고, 식사를 제대로 챙기지도 잠을 제대로 자지도 않고, 친구와도 일에 관한 이야기밖에 하지 않았다. 이제 나는 한계였다. 내가 스스로 한 실수에 너그러워지도록 해 준 것은 그 낙서들이었다. 스티키 모먼트 낙서가 나를 더 행복하고 균형 잡힌 사람으로 만들어 주었다. 나는 에너지를 필요한 곳에 쏟되 나머지는 걱정을 덜 해도 된다는 걸 배웠다. 그래, 프레젠테이션에 페이지 번호가 빠질 수도 있어. 그래, 삽화에 고객사가 정한 팬톤 컬러를 쓰지 않을 수도 있어. 내가 고객을 기쁘게 했을 뿐 아니라 브랜드의 방향을 완전히 바꿀 결정적인 전략을 세우는 데 그렇게도 많은 시간을 보냈는데, 이런 실수들이 정말 중요하겠어?

나 자신에게 보내는 포스트잇 메모: 최악의 화가가 되었더니 더 나은 사람으로 성장했다.

---

* Sphincter에는 괄약근이라는 뜻이 있어서 Sphinx + sphincter로 말장난을 한 것이다. cat-ass-trophy(고양이 항문 트로피)의 발음은 재앙이라는 뜻의 catastrophe와 유사하다.

하이사이데크:*
「지퍼 열렸어요Your Fly is Open」
「유령Boo Bees」
「그 산가기Dog Walker」

*   ❶ 'Your fly is open'은 '네 지퍼가 열렸다'라는 뜻이나, 그림 속에서는 파리(fly)가 개방적 사고를 가졌다(open)는 식으로 말장난을 했다. 파리는 "진짜야, 뭐든 물어 봐"라고 말하는 중이다. ❷ 유령을 뜻하는 Boo와 벌을 뜻하는 Bee를 결합하면 Boobies(가슴)와 발음이 유사해지는 것을 이용한 말장난이다. ❸ Dog Walker는 개 산책을 대신 해 주는 사람이고, Walker에는 보행 보조기라는 뜻도 있다.

「유니콘Uni-corn」
「나이트가운Knight Gown」
「치킨 스톡Chicken Stock」
*하에서 아래로.

* ❶ 유니콘Unicorn의 'Corn'을 뿔이 아닌 옥수수로 표현한 장난. ❷ Knight는 기사, Gown은 드레스나 법복을 뜻한다. 두 단어를 합한 Nightgown이 여성의 잠옷이 되는 것에서 착안한 유머. ❸ 치킨스톡Chicken Stock은 닭 육수를 말하나, 여기서는 Stock을 주식으로 표현했다.

강력한 힘

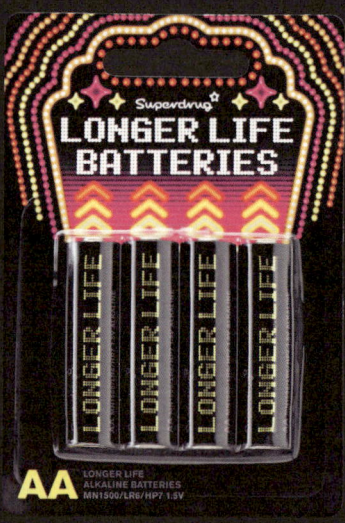

닐 페들리엄
마크 워터스

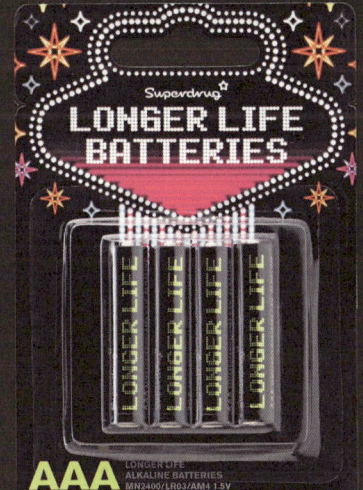
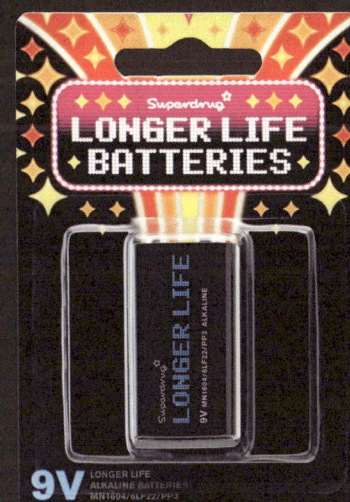

닐 페들리엄, 전 슈퍼드러그 디자인 서비스 매니저

베껴서 아류가 되느니,
남다른 길로 가서 내 편을 만들어라!

1990년대 초 내가 슈퍼드러그Superdrug에서 일하기 시작했을 무렵만 해도, 이곳에서 쇼핑한다고 선뜻 말하는 사람은 거의 없었다. 사실 대부분의 임원진은 자신이 모회사인 킹피셔Kingfisher에서 일한다고 말하곤 했다. 슈퍼드러그는 1960년대부터 세면용품 위주로 진열대에 가득 쌓아 놓고 저렴하게 팔 수 있는 온갖 물건들을 판매하며 전국에 매장을 700여 개로 늘려 왔다. 내가 슈퍼드러그의 패키지 디자이너로 입사했을 당시에도 이미 자사 브랜드 제품군이 탄탄했다. 그 디자인은 친절하고 카리스마 넘치는 마틴 리처즈가 이끄는 사내 디자인팀의 작품이었다. 당시 크로이던에 있던 슈퍼드러그 본사에서는 유명 브랜드를 흉내 낸 제품 기획서를 잇달아 내놓았고, 디자이너들은 몇 해 동안 그 작업을 해야 했다.

이미 여러 분야의 주요 브랜드를 위해 디자인해 온 나는 선도적인 세면용품 브랜드의 디자인을 그대로 베껴야 한다는 사실이 몹시 당혹스러웠다. 특히 어느 소매업체의 패키지를 복제하라는 요청은 브랜드 개발 원칙에 완전히 어긋나는 일이었다. "베껴서 아류가 되느니, 남다른 길로 가서 내 편을 만들어라!" 내가 주목한 것은 이 브랜드에 아직 펼치지 못한 잠재력이 실로 크다는 점이었다. 당시에는 그 잠재력에 내가 어떤 영향을 줄 수 있을지 몰랐거니와 곧 닥쳐올 격변의 조짐도 느끼지 못했다.

우리 스튜디오 바로 아래에 위치한 매장 중 한 군데가 리뉴얼 시범 매장으로 선정되었다. 시공팀이 교체한 간판에는 지나치게 굵은 서체를 끔찍하리만치 자간을 벌려 배치한 '새 로고'가 있었다. 리모델링 덕분에 매장 분위기는 좋아졌지만, 나는 그 갑자기 튀어나온 새 '아이덴티티'를 경계하며 지켜보고 있었다. 그러던 어느 날, 우연히 그 매장을 포함한 시범 운영안이(그 끔찍한 '로고'까지) 전국 매장으로 확대 적용될 예정이라는 얘기를 들었다. 나는 즉시 마틴에게 상황을 알렸다. 우리는 48시간 동안 급하게 회의를 잡고 발표를 준비한 끝에, 결국 이사회를 설득해 관련 예산 집행을 중단하고 브랜드의 미래에 더 신중하게 접근해 보자는 결론에 이르렀다.

그 후 몇 달은 눈이 핑핑 돌게 바빴다. 우리는 국내 최고의 브랜드 컨설턴트들과 함께 프레젠테이션을 진행했고, 이내 완전히 새로운 방향의 매장 디자인이 만들어졌다. 한 컨설턴트는 우리가 파는 제품들과 새로운 매장 디자인이 어울리지 않는다는 점을 정확하게 지적했다. 그리하여 숨 돌릴 틈도 없이 우리는 디자이너로서의 일을 내려놓고 외부 컨설턴트들을 관리하는 디자인 매니저 역할을 떠맡아야 했다.

우리가 혁신적인 변화를 이끌고 있다는 게 분명해졌다. 주로 장난기 넘치는 프레젠테이션들이 곧 우리 구매팀들 사이에서 큰 호응을 얻었다. 매장 외부에서 고객의 시선을 끈 이상 매장 내부에서 재미있고 친근하며 다가가기 쉬운 디자인으로 이를 뒷받침하는 게 중요했다. 우리는 이 계획을 '손안의 브랜드'라고 불렀다. 우리 제품들은 고객들에게 친근하게 다가가되, 물품에 따라 방법을 조절했다. 휴대용 물티슈 같은 것들은 웃긴 이미지를 써도 됐지만, 의약품의 경우는 조금 더 진지하게 취급해야 했다.

우리와 함께 일하던 디자인 협력사들의 명성이 빠르게 퍼져 나갔다. 디자인 회사 몇 곳은 슈퍼드러그와 손잡을 수만 있다면 기존에 맡고 있던 경쟁사 일은 과감히 포기하겠다고까지 했다. 협력사를 확대하고 싶은 유혹도 있었지만, 이 체계가 효과를 발휘한 데에는 이유가 있었다. 소수의 끈끈한 파트너들에게 안정적으로 일감을 나눈 덕분에 그들은 우리를 늘 최우선으로 두었고 무엇보다도 우리 조직의 생리를 정확히 이해했다. 디자인상도 많이 받았다. 모든 패키지 디자인에서 두드러진 것은 기존의 틀을 깨고 금기된 한계에 도전해 좋은 디자인을 만들고자 하는 본능적인 열정이었다. 늘 배꼽 잡고 웃게 만들지는 못해도, 적절한 위트를 담은 디자인은 사람을 즐겁게 하고 마음도 움직일 수 있다는 걸 우리는 알고 있었다. 손안의 브랜드를 지향하는 우리의 전략은 점점 더 사람들의 공감을 얻었고, 결국에는 전염되듯 퍼져 나갔다.

디자인 파트너십이 시작된 지 1년쯤 지나자, 슈퍼드러그 디자인팀은 처음으로 한숨 돌리며 성과를 돌아볼 수 있었다. 불과 3년 전만 해도 슈퍼드러그는 사람들이 가서 뭘 샀다고 말하기 부끄러워하던 곳이었다. 이제는 사람들의 인식을 바꿀 만한 흥미진진한 매장을 갖췄고, 고객이 신뢰할 수 있는 아름답게 디자인된 자체 브랜드 제품을 선보였다. 임원들은 슈퍼드러그에서 일한다고 자랑스럽게 말하게 되었고, 직원들의 열정도 사상 최고로 뜨거웠다. 디자인 업계만이 아니라 주류 언론에서도 우리를 극찬했고, 공급 업체들은 우리를 최우선 고객으로 대하며 일정을 조정해 주기도 했다. 텔레비전 광고가 나가고 매출은 상승 곡선을 그렸다. 경쟁사들은 놀라서 우리를 따라 하기 시작했다. 가장 중요한 것은 고객들이 우리를 정말로 좋아했다는 사실이다. 나는 마틴에게 이렇게 말했다. "우리가 이걸 시작한 거죠?" 그는 괴테의 말이라며 한 문장을 인용했다. "담대하라, 그러면 위대한 힘들이 도울 것이다." 그 말은 곧 우리 팀의 좌우명이 되었다.

마크 워터스, 수석 크리에이티브 디렉터,
터너 더크워스 런던

대중의 반응을 염두에 두고 행동하라
— 마크 워터스

미대에 다닐 때 내 책상 위에는 부츠Boots사의 사마귀 제거제 상자가 놓여 있었다. 그 제품을 산 건 사마귀 때문이 아니라 그 상자의 디자인(리파 피어스의 작품)이 너무 멋져서였다. 그 상자에는 달과 별, 빗자루, 뾰족한 모자, 마녀가 앉아 있었을 법한 만화풍 구름이 그려져 있었다. 그런 것은 처음 보았다. 나를 미소 짓게 만든 그 상자는 어느 면에서는 내 인생을 바꿔 놨다. 디자인에 대한 내 생각을 확실히 바꿨으니 말이다. 그때 깨달았다. 디자인이란 꼭 무언가를 팔거나 설득하지 않아도 된다는 것을. 그저 즐거움을 줄 수도 있다는 것을. 이 사실을 이미 알고 있던 위대한 광고인들이 차를 마시는 침팬지나 드럼 치는 고릴라를 보여 주지 않았던가. 하지만 디자인에서 위트를 발견한 것은 또 다른 차원의 경험이었다.

내가 학교를 졸업했을 당시에는 그런 종류의 재미있는 디자인 작업을 하는 에이전시가 몇 군데 안 됐다. 시기 좋게 행운이 따라 주어, 나는 그중 한 군데에서 일할 수 있게 되었다. 더욱 행운이었던 것은 나의 첫 고객이 바로 소매 체인인 슈퍼드러그였다는 사실이다. 당시 슈퍼드러그는 내가 좋아하는 재미있고 감성적인 디자인의 선두주자였고, 내가 속한 에이전시도 점점 그런 디자인으로 명성을 얻어 가고 있었다. 사람들의 지성을 존중하는 방식으로 게임을 하고, 수수께끼를 내고, 사람들이 이것저것 연결해 보도록 유도하고, 뇌의 스위치를 켜 주고, 사람들을 미소 짓게 하는 그래픽은 매우 영국적인 디자인이었고, 영국 광고에서 볼 수 있는 것과 비슷했다. 은근히 판매하는(또는 판매하지 않는) 방식이었다. 슈퍼드러그의 제품들을 디자인하는 일은 정말 즐거웠다. 슈퍼드러그를 위해 온갖 재미있는 디자인을 만들어 냈다. 녹아내리는 막대 아이스크림과 끈적끈적한 잼 도넛이 그려진 물티슈, 건전지를 라스베이거스의 화려한 불빛을 밝히는 숨은 전력원으로 표현한 건전지 패키지 등등 40~50개나 되는 프로젝트를 소화하며, 우리는 정말 재미있게 일했다.

단순히 20여 년 전 디자인을 그리워하는 게 아니다. 그때의 경험은 내게 오는 모든 디자인 의뢰를 처리하는 데 있어 기본 원칙이 되었다. 그리고 빠르게 틱톡 시대에 이르러 기묘하고, 기발하며, 어리석고, 비합리적이면서, 예상할 수 없는 감각이 주목받는 지금, 여전히 최고의 디자인은 관객을 즐겁게 하는 데서 출발한다.

25년 전 영국에서 태어난 디자인 미학이 오늘날 전 세계적으로 주목받는 것을 보는 일은 환상적이다. 안타깝게도 마녀처럼, 재치 넘치는 부츠 사마귀 제거제 디자인도 오늘날의 매장 선반에서는 사라져 버렸다. 아마 다시 디자인해야 할 때인 모양이다.

꽃들은
해서

마크 투트셀

속에서 하여난다

마크 투트셀, 리오 버넷 월드와이드 회장 겸
글로벌 크리에이티브 최고책임자

사람과 아이디어, 브랜드가 함께 건강하게 성장하는 환경은 어떻게 조성할까?

사진 폴라 코도녜르

꽃들은 햇살 속에서 피어난다 | 마크 투트셀

때로는 한 줄기 햇살에서도 영감이 온다.

처음으로 크리에이티브 총괄 임무를 맡았을 때, 내가 진심으로 존경하는 광고계의 전설 데이비드 애벗(애벗 미드 비커스 Abbott Mead Vickers 사 공동 창립자)에게 귀중한 조언을 들을 기회가 있었다.

나는 그에게 물었다. "세계적인 크리에이티브 조직의 기초가 뭐라고 생각하시나요?" 그의 대답은 매우 감동적이었으며, 진정 영감을 주는 강력한 통찰력이 담겨 있었다.

"꽃은 햇빛 아래서 피어난다."

직원이 가치를 인정받고, 생산성을 발휘하며, 자신의 창의적인 목표를 직접 통제할 수 있는 곳이야말로 가장 행복한 일터일 것이다. 이런 환경에서는 낙관주의와 에너지와 야망이 발산된다. 창의성이 밝게 빛나고 아이디어가 꽃핀다. 성장을 위한 인큐베이터 노릇을 하는 일터다.

사람과 아이디어, 브랜드가 함께 건강하게 성장하는 환경은 어떻게 조성할까?

그 시작은 강력한 조직 문화를 만드는 것이다.

위대한 크리에이티브 에이전시에는 특별한 아우라가 있다. 겸손하며, 늘 작품으로 말한다. 하지만 크리에이티브 에이전시는 작품만으로 정의되지 않는다. 사람 또한 마찬가지로 중요하다.

문화란 결국 열정을 가지고 무언가를 함께 해내는 방식이다. 나는 사람이 중심에 있고, 창의성이 모든 일의 출발점이 되는 강한 조직 문화의 힘을 믿는다. 내가 따르는 원칙은 단순하다. 관대할 것, 열려 있을 것, 호기심을 가질 것.

강한 신념, 공동의 목적, 믿음, 높은 예술적 기준을 갖는 것이 가장 중요하다.

내 성공의 비결은 창의성을 모든 일의 핵심에 두고 끊임없이 집중하는 것, 그리고 창의성이 꽃피고 사람들이 성장할 수 있는 환경을 조성하는 것이었다.

일터는 사람들이 스스로 인생 최고의 작업을 할 수 있다고 믿게 되는 곳이어야 한다. 일이 우선시되고 개인의 잠재력을 이끌어 내는 곳. 사람들이 꽃피우고, 성장하고, 발전하고, 번영하고, 진보하고, 번창하며, 궁극적으로 빛날 수 있는 터전이어야 한다.

직장에서의 행복과 웰빙을 위해, 리더는 크나큰 인내와 책임감으로 매일 물을 주고 보살펴야 한다. 사람들에게 권한을 부여해야 한다. 사람들을 옹호해야 한다. 사람들을 지원해야 한다. 믿음을 심어 주어야 한다. 사람들이 자신의 목소리를 찾을 수 있도록 해야 한다. 실수할 수 있게 해 주어야 한다. 위험을 감수하게 해야 한다. 실패하게 해야 한다.

그렇게 했을 때 조직에는 자신감이 생기고, 자신감은 에너지로 이어진다. 창의적인 사람들에게는 한 번도 해 보지 않은 일을 시도할 자유가 꼭 필요하다. 열정은 곧 에너지다. 가장 즐겁게 일하는 사람들이 모인 가장 생동감 있는 일터야말로 업계에서 창의력이 가장 빛나는 곳이다.

나는 늘 선수 겸 코치였고, 그게 좋다. 전 세계에 있는 뛰어난 창의적 인재들과 가까이서 일하는 것 말이다. 내 역할은 개인이나 팀이 최고의 역량을 끌어낼 수 있도록 돕는 일이다. 믿음을 심어 주고, 기준을 세우며, 자신감을 불어넣는 것이다.

코칭이란, 사람들이 혼자서는 갈 수 없는 곳으로 그들을 이끌고 가는 것이다. 성과를 중심에 두고, 실무 능력을 끌어올리기 위한 계획이다. 잠재력을 열어 주는 것, 사람들을 가르치기보다는 스스로 배울 수 있게 돕는 일이다. 스스로는 보지 못하는 재능을 대신 발견하고 키워 주는 일이다.

그러기 위해서는 집단이든 개인이든 사람들에게 자연스럽고 깊이 있고 진정한 관심을 보여 주어야 한다. 사람들이 안전함, 사랑, 편안함을 느끼도록 해 주어야 한다. 관리하지 말고, 코칭해야 한다.

나는 '경계를 넘는 창의성 Creativity Without Borders'이라는 새로운 운영 시

스템을 도입하여 글로벌 네트워크를 통합하고 활성화했다. 이 시스템이 유연한 생태계를 구축한 덕분에 전 세계 인재들이 지리적인 제약을 넘어 주요 브랜드의 가장 흥미로운 프로젝트에 참여할 수 있었다. 그 좋은 사례는 소녀들의 자신감을 북돋웠던 P&G사의 "Always #LikeAGirl" 광고로, 런던·시카고·토론토 사무소가 창의적으로 협력한 결과물이다.

다양한 관점으로 다채롭게 접근할 때 현대적 의미의 창의성이 싹튼다. 경계를 넘는 창의적 시스템을 통해 나는 속도, 문화, 글로벌 네트워크를 결합하여 사회가 필요로 하는 매력적이고 가치 있는 콘텐츠를 만들 수 있었다.

협업은 지극히 기본적인 것이면서, 더 나아가 다양한 재능을 잘 어우러지게 만드는 일이다. 과감하고 혁신적인 결과를 내기 위해 풍부하고 다양하며 전문적인 기술을 혼합하는 일이다.

그렇게 일하는 방식은 사람들의 삶에 기쁨을 더하고, 오늘날 비즈니스 세계에서 가장 중요한 자산인 창의성에 빛을 비춘다.

나는 브랜드가 문화의 속도에 맞춰 움직일 수 있도록 도울 창의적 아이디어를 찾는다. 우리가 궁극적으로 영감을 주고자 하는 문화와 사람들을 반영하는 획기적이고 대담하고 두려움 없는 아이디어를 찾는다. 대담한 아이디어는 쉽게 무시할 수 없는 법이므로 사람들의 관심을 사로잡고 반응을 이끌어 낸다. 가장 강력한 아이디어에는 위험이 따르지만, 위험 없는 보상은 없으며 대담한 아이디어가 가져다주는 보상은 그 무엇보다도 크다.

오늘날에는 기존 틀에 대한 끊임없는 도전, 실험적인 시도, 대담하고 진보적이며 도발적인 생각이 곧 창의적 사고로 여겨진다. 창의적 사고는 기업가적 정신을 가진 새로운 창의적 인재들을 끌어들이는 강력한 자석이다. 이런 사고 안에서 상상력은 사람들의 생각과 행동을 바꿀 수 있는 힘으로서 점점 더 중요하게 인식된다.

오늘날 창의적 사고가 번성하려면, 인재들이 창의력을 마음껏 발휘할 수 있도록 다면적이고 문화적으로 다양하며 유연한 생태계를 구축해야 한다. 직감, 창의적 융합, 민첩함, 기업가적 사고가 창의적 미래를 이끌 것이다. 창의성은 브랜드가 시장에서 앞서 나갈 수 있는 가장 강력한 무기다.

신선하고 독창적이고 파괴적이고 혁신적인 아이디어를 창조해 내는 능력은 없어서는 안 될 필수 요소가 될 것이다. 오늘날 브랜드의 콘텐츠와 메시지는 사람들이 진짜로 필요로 하는 것에 중점을 두어야 한다. 그와 반대로 사람을 콘텐츠에 끼워 맞추려 할 것이 아니라. 나는 비즈니스 안에서 창의성을 발휘하려면 근본적으로 놀랍고, 기존의 틀을 깨며, 의미 있고, 즐거운 방식으로 사람과 연결하는 것이 중요하다고 생각해 왔다. 그러기 위해서는 사람들이 사랑하는 콘텐츠를 만들어야 한다.

맥도널드의 'i'm lovin'it'은 단순한 카피가 아니라 즐거움에 대한 인간의 본능적인 반응이다. 코카콜라의 'Open Happiness'는 삶의 소박한 기쁨을 즐기자는 메시지를 준다. 삼성의 'Do What You Can't'는 사람들에게 불가능을 넘어서는 힘을 북돋워 주는 철학을 드러낸다.

이 모든 것은 기쁨, 재미, 참여, 경험, 즐거움, 공감, 실용성, 보상, 그리고 인간의 가치를 창조하는 뛰어난 아이디어들이다.

이렇듯 뛰어난 아이디어들은 궁극적으로 사람들의 삶에 햇살을 비춘다.

소개

자일스 링우드 Gyles Lingwood

자일스는 영국 링컨대학교 비즈니스 크리에이티비티 교수다. 광고와 창의적 사고를 가르치며, 예술 분야 교육 책임자로 재직 중이다. 버밍엄 예술 디자인 학교를 졸업한 뒤, 런던의 주요 광고 및 디자인 회사에서 다양한 프로젝트를 진행했다. 디자인 앤드 아트 디렉션D&AD, 브리티시 인터랙티브 미디어 협회, 미국 창의성 어워드를 포함한 여러 상을 받았다. 자일스가 지도하는 학생들도 국제 광고 및 디자인 대회에서 꾸준히 수상하며 실력을 인정받고 있으며, 세계 유수의 크리에이티브 에이전시에서 경력을 쌓고 있다.

자일스는 교육 및 기업 자문 활동도 활발히 펼치고 있으며, 영국 및 해외에서 새로운 교육 과정 인증 및 평가 업무를 수행하기도 한다. 또한 다양한 기관에서 창의성, 아이디어, 커뮤니케이션 전략, 카피라이팅 등을 주제로 워크숍과 강연을 진행하고 있다. 『Read me: 10 Lessons for writing Great Copy(2014)』와 『Copywriting: Successful Writing for Design, Advertising and Marketing(2022)』를 썼다. 두 권 모두 공저로, 로런스 킹Laurence King에서 출판되었다.

조앤 챈 Joanne Chan

조앤은 세계적인 브랜딩 에이전시인 터너 더크워스의 최고경영자로서 샌프란시스코, 런던, 뉴욕에 스튜디오를 두고 있다. 조앤은 예술 분야에서 커리어를 시작해 뉴욕, 모나코, 샌프란시스코 등의 저명한 미술 갤러리와 뉴욕 구겐하임 미술관에서 근무했다. 조앤은 전직을 결심한 후 터너 더크워스 샌프란시스코 지점에 두 번째 직원으로 입사해, 미국 내 디자인 사업을 일구고 성장시켰다. 그녀는 에이전시 창립 초기에 아마존, 코카콜라, 리바이스, 매켄지 리버, 삼성 등 기업의 패키징 및 브랜드 아이덴티티 프로젝트를 관리하는 데서 핵심적인 역할을 했다. 2010년부터 최고 운영 책임자로서 에이전시의 성장, 신규 비즈니스, 운영 및 재무 업무에 집중했다. 2014년 퍼블리시스 그룹이 터너 더크워스를 인수했다. 조앤은 2019년에 최고경영자로 임명되었다.

조앤은 2021년 에이디 에이지Ad Age가 선정한 올해의 여성 리더상을 수상했으며, CHIEF(여성 리더 네트워크)의 회원이기도 하다. 현재 캘리포니아의 마린 카운티에서 남편과 10대 딸, 그리고 네 마리의 고양이와 함께 산다.

세라 모펏Sarah Moffat

세라는 터너 더크워스에서 25년 이상 근무해 왔다. 현재 글로벌 크리에이티브 책임자로 활동하고 있지만, 런던 스튜디오에서 잡일부터 시작했다. 그녀는 상징적인 브랜드를 만들고, 그에 맞는 시각적 아이덴티티를 구축하는 일에 열정을 갖고 있다. 그녀의 가장 큰 원동력은 '인간을 인간답게 만드는 것이 무엇인가'에 대한 이해와 모든 것이 더 나아질 수 있다는 믿음이다. 세라는 여러 해 동안 D&AD 임팩트 위원회Impact Council의 멤버로 활동했으며, 국제 디자인 및 광고 어워드의 단골 심사위원이다. 업계에 대한 통찰을 담은 글을 자주 발표하며, 의견이 고갈되는 법이 없다. 창의성과 전략적 사고를 결합하는 능력 덕분에 세라는 칸 라이언즈 국제 광고제, 클리오, D&AD 등 세계적으로 권위 있는 상을 여럿 탔다. 그녀는 최고의 아이디어는 눈앞에 있거나 가장 예상하지 못했던 곳에 숨어 있다고 믿는다. 그리고 그 발견되지 않은 모든 아이디어를 탐색 중이다.

모이라 컬런Moira Cullen

모이라는 '비즈니스계에서 가장 창의적인 인물 중 하나'(『패스트 컴퍼니Fast Company』)며, '지난 50년간 가장 영향력 있는 디자이너 중 하나'(『그래픽 디자인 USAGraphic Design USA』)로 평가받고 있다. 국제적으로 인정받는 디자인 전략가, 집필가, 교육자로서 조직, 기관, 브랜드의 본질과 유산을 존중하면서 전략적으로 크리에이티브 솔루션을 제시해 경력을 쌓아 왔다. 스튜디오(펜타그램)에서 학계(로스앤젤레스 오티스미술디자인대학의 커뮤니케이션 아트 학과장), 기업(포춘 500과 B Corp)에 이르기까지 그녀의 리더십은 세계에서 가장 상징적이고 사랑받는 브랜드들의 디자인을 발전시키고 격상시키는 데 기여했다. 펩시코(VP디자인, 글로벌 음료), 메소드 프로덕트(VP 글로벌 크리에이티브 디렉터), 허쉬(글로벌 디자인 시니어 디렉터), 홀마크(전략적 디자인 그룹), 코카콜라(북미 디자인 디렉터) 등을 담당했다.

특히 2008년 칸 라이언즈 국제 광고제 디자인 부문 최초 그랑프리를 수상한 코카콜라의 시각 아이덴티티 리디자인을 총괄한 인물이기도 하다. 모이라는 세계 각국에서 100회가 넘는 콘퍼런스에 연사로 초청됐으며, 다수의 주요 디자인 저널에 글을 기고해 왔다. 또한 모이라는 미국그래픽아트협회AIGA의 전국 이사로 활동했으며, AIGA 로스엔젤레스와 캔자스시티 지회의 전 회장을 역임했으며, 현재 AIGA 펠로다.

앤서니 바일스Anthony Biles

앤서니는 1990년대 후반부터 런던과 샌프란시스코에서 터너 더크워스를 포함한 주요 디자인 에이전시들에서 일하며, 코카콜라·나이키·리바이스·이노센트 등 세계에서 가장 큰 브랜드들과 협업했다. 현재 그는 디자이너이자 브랜드 전략가이고, 수상 경력에 빛나는 디자인 에이전시인 바일스 헨드리Biles Hendry의 공동 창립자다. 바일스 헨드리는 2006년 런던에서 설립되었으며, 디자인비즈니스협회DBA에서 '가장 효과적인 에이전시' 20위권에 오른 가장 젊은 크리에이티브팀의 하나로 빠르게 인정받았다.

앤서니는 디자인이란 그 브랜드나 제품이 '왜 존재하는지'를 명확하게 보여 줘야 한다고 믿는다. 사람들이 실제로 필요로 하는 것과 감정적으로 공감할 수 있는 부분을 함께 고려해, 그에 꼭 맞는 디자인을 만들어 내는 것이 그의 철학이다. 그렇게 할 때야 비로소 성과도 높이고, 문화적인 영향력도 만들어 낼 수 있다. 그는 골드 DBA 디자인 효과상Gold DBA

Design Effectiveness을 포함한 50개 이상의 디자인상을 수상했으며, 몬델리즈Mondelēz의 컨설턴트 총괄 크리에이티브 디렉터로도 활동했다. 그의 브랜딩 및 디자인에 대한 생각과 견해는 다양한 인터뷰, 패널 토론, 출판물을 통해 전 세계에 소개되었다.

데이비드 터너David Turner
브루스 더크워스Bruce Duckworth

데이비드와 브루스는 디자인을 통해 모험을 즐기며 경력을 쌓을 수 있었던 운 좋은 영국인들이다. 그들은 1992년 국제적인 브랜드 디자인 회사 터너 더크워스를 설립하고 거의 30년간 회사를 이끌었다. 그 과정에서 그래픽 디자인의 주요 상들을 휩쓸었고, 세계 최고의 브랜드들과 작업했으며, 업계에서 가장 재능 있고 매력적인 인재들을 모았다. 이제 그들은 모터 레이싱, 윈드서핑, 스키, 모터사이클을 즐기며 가족과 함께 그리고 서로 함께 되도록 많은 시간을 보내며 지내고 있다.

모건 플래틀리Morgan Flatley

모건은 맥도널드의 글로벌 최고 마케팅 책임자 겸 신사업 벤처 담당 부사장으로, 수상 경력에 빛나는 맥도널드의 마케팅 활동과 브랜드의 영향력을 넓히는 새로운 사업을 총괄하고 있다. 2017년 맥도널드에 합류한 이후, 이 브랜드의 가장 혁신적인 마케팅 캠페인들을 이끈 주역이 되었다. 2020년에는 미국 마케팅 및 디지털 고객 경험 책임자로서 팀을 이끌어 세계적인 수준의 크리에이티브 작업을 선보였고, 대담하고 진취적인 아이디어를 소셜 미디어의 힘을 빌려 실행해 냈다. 모건은 3년 연속 『포브스』 선정 '세계에서 가장 영향력 있는 CMO(최고 마케팅 책임자)'에 선정되었으며, 2022년에는 세계 5위에 올랐다. 또한 『애드위크Adweek』의 가장 권위 있는 상인 '브랜드 지니어스' 상을 받았고, 시카고 광고 연맹이 선정한 '올해의 여성 광고인'으로도 뽑혔다 모건은 일찌감치 글로벌 브랜드에 대한 열정을 키워 왔다. 사치&사치에서 3년간 근무한 뒤, 펩시코에 합류해 게토레이의 마케팅과 혁신을 이끌었다. 다트머스대학교에서 학사 학위를, 하버드 경영대학원에서 MBA를 받았다.

린다 리 Linda Lee

린다는 캠벨 식품 및 음료 부문 최고 마케팅 책임자다. 그녀는 캠벨스, 캠벨 닭고기 수프, 스완슨, 페이스, 퍼시픽 푸드, 프레고, V8 등을 포함한 전반적인 브랜드 마케팅과 운영을 책임지고 있다. 소비자 중심의 통찰력, 새로운 미디어 채널과 민첩한 접근 방식을 활용하여 이 사랑받는 브랜드들을 혁신하고 현대화하는 데 주력하고 있다. 린다는 P&G에서 제품 개발로 경력을 시작하여, 제너럴 밀스에서 소비자 인사이트 분야로 확장했다. 그녀는 몬델리즈에서 10년간 마케팅 및 총괄 관리자 역할을 수행한 뒤 미국과 캐나다의 세이보리 크래커 savoury cracker 사업 통합을 주도하고 굿씬 Good Thin 스낵을 출시했으며, 트리스킷 Triscuit 크래커 브랜드의 실적 반등을 이끌었다. 또한 중국에서 껌 분야의 시장을 개척하는 데 앞장섰다. 린다는 이후 스토니필드 팜 Stonyfield Farm과 셰프스 컷 리얼 저키 Chef's Cut Real Jerky의 최고 마케팅 책임자로 활동했으며, 2019년 캠벨에 합류했다.

2021년 린다는 마케팅, 미디어, 기술 분야에서 매년 가장 중요한 경영진 50인을 선정하는 '애드위크 50'에 이름을 올렸다. 평생 학습자로서, 그녀는 마케팅 변화와 영향력을 이끄는 마케터들을 지원하는 업계의 단체인 MMA의 북미 지역 이사회 회원으로 활동하고 있다.

제이미 매카시 Jamie McCathie

터너 더크워스에서 18년 넘게 보낸 베테랑인 제이미는 런던에서 경력의 전반부를 보냈으며, 그곳에서 디자이너·사진가·일러스트레이터·음악가들과 함께 일하며 많은 영감을 받았다. 2012년에 캘리포니아로 이주한 뒤 그는 10년 동안 샌프란시스코에서 총괄 크리에이티브 디렉터로서 크리에이티브팀을 이끌었다. 2021년 빔 산토리에서 디자인 및 크리에이티브 총괄이 되었다.

많은 친구들을 사귀고, 여러 표창도 받았으며, 많은 시상식에서 상을 수상했다.

제이미는 현재 독립적으로 창업자, CEO, 브랜드와 직접 협력하여 '크리에이티브'라는 광범위한 분야에 속하는 다양한 일들을 수행하고 있다. 그는 여전히 메탈리카와 함께 일하며, 메탈리카의 정규 앨범인 〈72시즌스 72 Seasons〉의 공동 크리에이티브 디렉터로 이름을 올렸다. 이 글을 쓰는 시점에서, 그는 M72 월드 투어를 준비 중인 라스 울리히의 드럼 세트 색상을 고르는 일도 하고 있었다.

존 앤서니 듀메이 John Anthony Dumey

브루클린에서 자란 뉴욕 토박이인 존은 '더 나은 기회 A Better Chance'라는 기관에서 개발 및 커뮤티케이션 디렉터로 활동하고 있다. 이 기관에서는 우수한 성과를 내는 유색 인종 학생들을 모으고 선발해 미국 내 명문 학교에 보내고 지원한다.

존은 지난 20년 이상 공정과 정의를 위해 일해 왔으며, 전국적으로 명성 있는 비영리 단체들과 함께 일해 왔다. '더 나은 기회'뿐만 아니라 뉴욕 할렘에 기반을 둔 혁신적인 사회 정의 청소년 개발 단체인 '브러더후드 시스터 솔'과 대량 수감과 과도한 처벌을 종식하고 인종적 불의를 해소하는 데 전념하는 전국적 단체인 '공정한 정의 이니셔티브', 그리고 무고한 사람들을 석방하고 잘못된 유죄 판결을 방지하기 위해 노력하는 형사사법 법률단체인 '무죄 프로젝트 Innocence Project'에서 활동했다.

존은 코네티컷칼리지에서 학사 학위를 받았으며, 밀라노 국제관계·경영·도시정책 대학원에서 비영리 경영 석사 학위를 받았다. 그는 뉴욕 퀸스에서 개인 디자인 멘토 역할을 하는 아내와 뉴욕 메츠 야구팀과 비디오 게임 〈포트나이트〉에 푹 빠진 두 아들과 함께 살고 있다.

슈테판 자그마이스터 Stefan Sagmeister

슈테판은 롤링 스톤즈, HBO, 구겐하임 미술관 등 다양한 분야의 고객을 위해 디자인 작업을 했다. 그는 그래미상 2회를 비롯해 국제적으로 손꼽히는 디자인상을 거의 다 받았다.

그의 책들은 수십만 권이 판매되었으며, 전시도 전 세계 여러 미술관에서 열렸다. 특히 〈해피 쇼 The Happy Show〉 전시에는 전 세계에서 50만 명 넘는 관람객들이 방문했으며, 역사상 가장 많은 사람들이 관람한 그래픽 디자인 전시회로 기록되었다.

오스트리아 출신인 슈테판은 비엔나 응용미술대학교에서 MFA를 받았으며, 풀브라이트 장학생으로 뉴욕 프랫 인스티튜트에서 석사 학위를 받았다.

제시카 오렉 Jessica Oreck

다방면에서 활동하는 예술가 제시카는 종종 '보이지 않는 것들을 수집한다'고 말하곤 한다. 여기서 말하는 보이지 않는 것이란, 마법이나 공상 과학 같은 것이 아니라 너무도 너무나도 평범해 우리의 집단적 의식 아래로 사라져 버린 삶의 조각들이다.

제시카는 영화, 애니메이션, 콜라주, 사진, 미니어처, 대형 설치 작업의 영역을 넘나들며 일상에서 보이지 않거나 간과되기 쉬운 부분에 경이로움을 불어넣는 작업을 해 오고 있다. 최근 크라이테리언 컬렉션 The Criterion Collection은 제시카의 다큐멘터리 장편 영화 회고전을 개최했다. 테드는 짧은 애니메이션 두 편을 제시카에게 의뢰해 제작했다. 그 외에도 곧 개국할 어린이 방송 네트워크를 위해 여러 편의 애니메이션을 제작 중이다.

최근에 제시카는 사소한 것, 잊힌 것, 버려진 것 들을 주제로 한 작은 박물관을 기획하고 운영하는 데 몰두하고 있다. 향수를 실감 나게 체험할 수 있는 이 박물관(이름하여 '수집 및 디자인 사무실 Office of Collecting and

Design')을 통해, 제시카는 미국 전역에서 다양한 여행 전시, 설치 작업, 워크숍 등을 진행하고 있다.

미노트 웨신저 Minott Wessinger

미노트는 다년간 광고 업계에 몸담은 뒤, 1987년 샌프란시스코에 위치한 매켄지 리버사의 최고경영자가 되었다. 이후 줄곧 미국 음료 시장에서 신제품 개발에 힘써 왔으며, 현재는 CBD가 함유된 새로운 제품들을 선보이고 있다.

크리스 가비 Chris Garvey

크리스는 어릴 적부터 그림에 끌렸다. 열네 살 때부터 주택 개발 업체를 위한 전단지를 그리고, 벽화를 그리고, 지역 비즈니스를 위한 로고를 제작하는 등 자신도 모르는 새 그래픽 디자인 경력을 쌓기 시작했다. 현재 크리스는 세계적인 브랜드들과 협업하고 수상 경력도 빛나는 최고의 크리에이티브 디렉터로, 단순하면서도 기억에 남으며 사람들과 감성적으로 연결하는 디자인 솔루션을 추구한다.

지난 20년 동안 크리스는 터너 더크워스 샌프란시스코에서 다양한 업종과 규모의 고객들과 일해 왔다. 그는 회사와 마찬가지로 훌륭한 아이디어에 대한 열정을 가지고 있으며, 모든 문제는 관점과 재치로 해결할 수 있다고 믿는다.

터너 더크워스에서의 업무 외에도, 크리스는 디자인 커뮤니티 내 소외 그룹을 위한 열정적인 옹호자이자 조력자다. 그는 또한 신진 디자이너들의 멘토이자 조언자로서 자신의 지식을 공유하며 업계 안에서 성장할 수 있도록 돕는다.

디자인이나 디렉팅을 하지 않을 때는 사람들을 웃기거나 한숨 쉬게 만드는 말장난 낙서를 그리는 모습을 자주 볼 수 있다.

대니얼 다시 Daniel D'Arcy

대니얼은 캘리포니아 로스앤젤레스에 기반을 둔 크리에이티브 전략가이자 크리에이티브 디렉터로 여러 상을 수상했다. 그는 전형적인 '아이디어맨'으로 세계에서 가장 사랑받는 브랜드들과 디자인, 브랜딩, 활성화, 비디오 및 콘텐츠 제작 등 다양한 분야에서 작업해 왔다.

다니엘은 버드와이저, 던킨, 풋락커, 메탈리카, 오바마재단 등 여러 브랜드를 위한 아이덴티티 개발, 패키지 디자인, 광고 기획 등을 이끌었다. 그는 칸 라이언즈 국제 광고제, 클리오 어워드, D&AD, 더 원 쇼, 아트 디렉터스 클럽을 포함한 업계의 가장 권위 있는 상을 수상했다. 그의 작품은 또한 「뉴욕 타임스」, 「월스트리트저널」, 『패스트컴퍼니』, NPR, BBC 등 여러 매체에 소개되었으며, 〈투데이〉, 〈더 투나잇 쇼〉, 〈새터데이 나이트 라이브〉 등의 TV 프로그램에서도 조명되었다.

대니얼은 캘리포니아 주립대학교 새크라멘토 캠퍼스에서 매스미디어 커뮤니케이션 학사와 그래픽 디자인 학사 학위를 받았다. 그는 교육과 멘토링에 대한 열정으로, 스쿨 오브 비주얼 아트의 브랜딩 석사 과정과 공립 대학교들과 HBCU(역사적인 미국의 흑인 칼리지 및 대학교들)에서 강의해 왔다. 또한 뉴욕에서 라틴아메리카에 이르기까지 다양한 크리에이티브 축제에서 연설했다.

앤디 배런 Andy Baron

앤디는 터너 더크워스 뉴욕의 크리에이티브 리더이자 공동 창립자다. 그는 과거에 타협하지 않는 기준, 다혈질적인 성격, 경쟁심 때문에 '작은 폭군'으로 불렸다. 그는 스타일보다 본질을 중시하는 디자이너들의 디자이너이다.

앤디는 업계 최고의 크리에이티브팀을 이끌고 있으며, 디자인 어워드의 심사위원으로 활동하고, 강연과 저술을 통해 디자인 업계에 기여하고, 대기업부터 소규모 브랜드까지 규모에 상관 없이 모든 고객과 신뢰

속에서 협업해 왔다. 그는 아이디어 중심의 접근 방식과 세밀한 디테일을 다루는 능력 덕분에 크리에이티브 디렉터로서 업계에서 가장 주목 받고 있다.

그는 부모님이 지도에 펜으로 표시한 '운전 가능한 최대 거리' 내에서 가장 먼 대학인 버몬트대학교에 진학했으며, 이 결정을 매우 만족스럽게 여긴다. 전에는 촬영 감독이 되는 꿈을 조금 꾸었고, 스무스 재즈 녹음 엔지니어, 말 많은 피자 배달원, 무모한 아이스링크 정비차 운전자, 부주의한 베이글 판매원까지 갖가지 직업을 경험했다.

스탠 뮤질렉 Stan Musilek

프라하에서 출생(프라하가 유명해지기 전) / 어머니의 창고에 암실 만들기 / 외출 금지 당함 / 이웃을 끊임없이 촬영함 / 가족과 함께 체코슬로바키아로 떠남 / 독일인이 됨 / 하이델베르크에서 대학 생활 / 수학을 전공함 / 사진이 수학보다 훨씬 섹시하다는 사실을 깨달음 / 사진사 보조로 일함 / 여자를 촬영함 / 수학의 존재는 이제 완전히 잊어버림 / 미국인이 됨 / 굶주림 / 파티 / 열심히 일함 / NCAA 디비전 / 축구 챔피언십 우승 / 뉴욕에서 티에라델푸에고까지 오토바이 여행 후 기적적으로 귀환 / 샌프란시스코 스튜디오 오픈 / 많은 것들을 촬영 / 많은 상을 수상 / 파리에 두 번째 스튜디오 오픈 / 고객들을 웃게 만듦 / 전화벨이 계속 울림 / 그리고 계속 전화를 받음

제시카 스펜스 Jessica Spence

제시카는 세계적인 주류 기업 빔 산토리의 북미 사업부 대표로, 캐나다와 미국에서 사업 운영을 총괄하고 있다. 제시카는 광고 회사인 J. 월터 톰프슨과 리오 버넷에서 광고 업계 경력을 시작했으며, 25년간 소비재 업계에서 사업 전략 및 브랜드 구축 등의 업무를 해 왔다. 그녀는 SAB 밀러와 칼스버그 등 맥주 산업에 몸담으며 국제적인 경험을 쌓았다. 칼스버그

에서는 최고 사업 책임자로서 칼스버그 브랜드의 성공적인 재도약을 주도하고, 프리미엄 전략 추진을 이끌었다. 최근에는 빔 산토리의 첫 브랜드 총괄 대표로서 메이커스 마크, 짐빔, 쿠르부아지에, 보모어, 라프로익 등 대표적인 브랜드들을 성공적으로 이끌었다. 지금은 뉴욕에서 남편과 고양이 두 마리와 함께 산다.

팀 오언 Tim Owen

한때는 어카운트 매니저로 일했으나, 업무에 대한 그의 창의적인 접근 방식이 기획자에 더 적합하다는 평가를 받고 리서치 및 전략 부서로 자리를 이동했다. 더 잘 맞는 자리를 찾은 팀은 책과 자료 속에 파묻혀 살며 6년 만에 에이전시의 기획 디렉터가 되었다. 이후 런던의 저명한 디자인 에이전시들에서 경험을 쌓은 후, 2011년에 터너 더크워스 최초의 기획 책임자가 되었다. 팀은 패턴과 유사점을 포착하고, 복잡한 것을 단순하게 만들며, 창의적인 방법으로 해결책을 찾는 데 능숙하다. 그는 최근 몇 년간 터너 더크워스 런던에서 주요 리디자인 프로젝트를 이끌었으며, 회사의 D&AD 및 DBA 수상에 기여했다. 현재는 런던 외곽의 템스강 근처에서 그의 어린 가족과 함께 살고 있다. 그는 오래된 건물, 오래된 책, 오래된 도구, 오래된 보트, 오래된 신시사이저, 오래된 인쇄 공정, 잊힌 품종의 채소들을 좋아하며, 틱톡에서는 찾을 수 없다.

리처드 반스 Richard Barnes

리처드는 의뢰받은 프로젝트와 개인 작업을 병행하며 활동하고 있다. 그의 사진 작품은 뉴욕의 현대 미술관, 메트로폴리탄 미술관, 보스턴 미술관, 캘리포니아의 로스앤젤레스 카운티 미술관, 샌프란시스코 현대 미술관 등 다수의 개인 컬렉션 및 미술관에 소장되어 있다. 그는 로마상을 수상했고, 호평 받은 그의 사진집 『동물의 논리 Animal Logic』를 비롯해 여러 책의 사진 작업에 참여했다.

닐 페들리엄 Neil Pedliham

영국의 솔즈베리 예술대학에서 그래픽 디자인을 전공한 닐은 런던의 컨설팅 회사들에서 일하며 폭넓은 경력을 쌓았다. 그는 기업 출판물, 아이덴티티, 패키지, 리테일, 레저, 사진, 아트 디렉션 등 여러 분야에서 여러 고객들과 탄탄한 포트폴리오를 구축했다. 1990년대 초반 닐은 패키지 디자이너로 건강 및 뷰티 소매 업체인 슈퍼드러그와의 오랜 인연을 맺기 시작했다. 입사 초기부터 그는 브랜드 방향성 재정립과 자체 브랜드 전략 수립에 실질적으로 기여했다. 이후 그는 디자인 서비스 매니저로 임명되어 내부 디자인 및 아트워크팀을 총괄하며 외부 디자인 컨설팅사와의 협업도 담당했다. 슈퍼드러그 패키지 디자인으로 여러 차례 수상했고, DBA 디자인 효과상의 심사위원으로 두 차례 참여했다.

짧게 음식 사진 작가로 활동하다 이제는 은퇴하여 웨일스에서 아내, 개 두 마리, 고양이 한 마리, 벌 수천 마리와 함께 산다. 여가 시간에는 기타를 치고, 목공을 하며, 분재를 돌보고, 그들의 작은 집 주변 언덕에서 자연을 관찰하며 지낸다.

마크 워터스 Mark Waters

마크는 터너 더크워스 런던의 총괄 크리에이티브 디렉터다. 20년 넘게 경력을 쌓으며 마크는 코카콜라, 밀러쿠어스, 몬델리즈 등 글로벌 기업을 위한 디자인 작업으로 상을 여럿 받았다. 그는 전략적 사고와 탁월한 디자인 실행 능력을 바탕으로, 멋져 보이면서 비즈니스 목표도 달성하는 결과물로 높은 평가를 받고 있다. 마크는 클라이언트를 위한 디자인 작업을 하지 않을 때는 디자인에 대한 열정을 또 다른 관심사인 비행기와 결합하여 황금기 항공 시대에서 영감을 받은 그래픽 아트 프린트를 제작한다.

마크 투트셀 Mark Tutssel

마크는 영향력 있는 광고 네트워크인 리오 버넷의 전 회장이자 글로벌 최고 크리에이티브 책임자로서, 전 세계 85개 글로벌 기업의 크리에이티브 비전을 수립하는 역할을 맡았다. 마크의 창의적인 리더십 아래에서 리오 버넷은 11년 연속으로 세계에서 상을 가장 많이 받은 크리에이티브 네트워크 5위권에 들었으며, 맥도널드, 삼성, 코카콜라, P&G, 하인즈, 닌텐도, 디아지오, 메르세데스벤츠 등 세계 유수 브랜드들의 대표적인 광고를 기획했다.

그중에서 코카콜라(2013), 맥도널드(2014), 삼성(2016)은 칸 라이언즈 국제 광고제에서 '올해의 크리에이티브 마케터'로 선정되었다.

마크는 업계에서 수상 경력이 가장 풍부한 창의적인 리더로 칸 라이언즈 국제 광고제 그랑프리(10회), 최초의 D&AD 화이트 펜슬상, D&AD 블랙펜슬상(2회), 클리오 명예의 전당(8회), 에미상(2회) 등을 수상했다. 2009년에는 『캠페인』 지에서 '세계 최고의 크리에이티브 디렉터'로 선정되었다.

도판 출처

p.18~19 ©2024 Turner Duckworth. / p.20 ©2008 The Coca-Cola Company, All Rights Reserved. / p.22 ©2008 The Coca-Cola Company, All Rights Reserved. / p.24 ©2010 The Coca-Cola Company, All Rights Reserved. / p.25 ©2011 The Coca-Cola Company, All Rights Reserved. / p.26~27 ©2009 The Coca-Cola Company, All Rights Reserved. Photo credit: Noah Fecks. / p.33 ©2015 The Coca-Cola Company, All Rights Reserved. / p.34~35 ©1999 Amazon.com, Inc. / p.36 ©2022 Amazon.com, Inc. Art credit: Neil Jackson. / p.40 ©1999 Amazon.com, Inc. / p.42~43 ©1999 Amazon.com, Inc. / p.46 ©2007 Amazon.com, Inc. / p.48 ©1992 Turner Duckworth. / p.50 ©1991 Rotary Club of Camberley. / p.52 ©1995 Levi Strauss & Co., All Rights Reserved. / p.53 ©2007 Waitrose Brand and Lifestyle. Photo credit: Andy Grimshaw. / p.56 ©2009 Turner Duckworth. Photo credit: Todd Tankersly. / p.57 ©2016 Turner Duckworth. Photo credit: Todd Tankersly. / p.58 ©1997 Royal Mail Group, Ltd. / p.59 ©2007 Turner Duckworth. / p.61~62 ©2003 Turner Duckworth. / p.64~65 ©1998 Neal's Yard (Natural Remedies) Ltd, All Rights Reserved. / p.67 ©2018 McDonald's Corporation. / p.68 ©2019 McDonald's Corporation. / p.70 ©2019 McDonald's Corporation. / p.71 ©2019 McDonald's Corporation. / p.72~73 ©2019 McDonald's Corporation. Photo credit: Nick Collura. / p.74~75 ©2018 McDonald's Corporation. / p.76 ©2018 McDonald's Corporation. / p.77 ©2018 McDonald's Corporation. / p.78~79 ©2018 McDonald's Corporation. / p.80~81 ©2024 Campbell Soup Company. / p.82 ©2020 Campbell Soup Company. / p.85 ©2021 Campbell Soup Company. Art credit: Fakery, Ltd. / p.86~87

©2021 Campbell Soup Company. / p.89 ©2021 Campbell Soup Company. Art credit: Fakery, Ltd. / p.92~93 ©2021 Campbell Soup Company. Art credit: Fakery, Ltd. / p.96 ©2008 Metallica, All Rights Reserved. / p.101 ©2008 Metallica, All Rights Reserved. Photo credit: Andy Grimshaw. / p.102 ©2008 Metallica, All Rights Reserved. Photo credit: Andy Grimshaw. / p.104~105 ©2013 Metallica, All Rights Reserved. / p.106 ©2013 Metallica, All Rights Reserved. / p.108~109 ©2016 Metallica, All Rights Reserved. / p.112 ©2022 Chris Cooper, All Rights Reserved. / p.114 ©2021 The Brotherhood Sister Sol. / p.115 ©2022 Chris Cooper, All Rights Reserved. / p.118 ©2019 Equal Justice Initiative / Human Pictures. / p.120~121 ©2019 Equal Justice Initiative / Human Pictures. / p.124~132 All illustrations courtesy the artist ©2024 Javier Jaen. / p.137~155 All photographs courtesy the artist ©2024 Jessica Oreck. / p.158 ©2007 McKenzie River Corp., All Rights Reserved. / p.160 © 2000 McKenzie River Corp., All Rights Reserved. / p.163 ©2002 Molson Coors Beverage Company, All Rights Reserved. Art credit: Jonathan Warner. / p.164 좌 ©2000 McKenzie River Corp., All Rights Reserved. / p.164 우 ©2002 Molson Coors Beverage Company, All Rights Reserved. / p.165 ©1999 Molson Coors Beverage Company, All Rights Reserved. / p.169 ©1999 Molson Coors Beverage Company, All Rights Reserved. / p.171 ©1999 Turner Duckworth. / p.172~179 ©2024 Turner Duckworth. / p.181~187 All illustrations courtesy the artist ©2024 Edmon de Haro, with permission from General Mills Marketing, Inc. / p.191 ©2024 John J. Custer. / p.195 ©2024 Turner Duckworth and ©2023 The New York Times Company. All Rights Reserved. Used under license. / p.196 ©2024 Turner Duckworth. / p.199 상 ©2019 Equal Justice Initiative. / p.199 하 ©2019 Equal Justice Initiative. / p.200~201 ©2019 Equal Justice Initiative. / p.202~213 All photographs courtesy the artist Stan Musilek. / p.214~215 ©2020 Beam Suntory, All Rights Reserved. / p.216 ©2024 Andrew Davidson, c/o Mendola Artists. With permission from Beam Suntory, All Rights Reserved. / p.218 ©2020 Beam Suntory, All Rights Reserved. Photo credit: Sophia Sinclair. / p.224 ©2023 Beam Suntory, All Rights Reserved. / p.225 ©2023 Beam Suntory, All Rights Reserved. / p.226 ©2017 Beam Suntory, All Rights Reserved. / p.227 ©2017 Beam Suntory, All Rights Reserved. Photo credit: Dwight Eschliman. / p.228 ©2021 Beam Suntory, All Rights Reserved. Photo credit: Todd Tankersley. / p.229 ©2021 Beam Suntory, All Rights Reserved. Photo credit: Todd Tankersley. / p.232 ©2024 Icelandic Provisions, All Rights Reserved. / p.234 상 ©2023 Icelandic Provisions, All Rights Reserved. / p.234 하 ©2023 Icelandic Provisions, All Rights Reserved. Photo credit: Gunnar Freyr Gunnarsson. / p.237 ©2023 Icelandic Provisions, All Rights Reserved. Photo credit: Gunnar Freyr Gunnarsson. / p.239 ©2023 Icelandic Provisions, All Rights

Reserved. / p.242~243 ©2023 Icelandic Provisions, All Rights Reserved. / p.245 Long Tailed Shrike ©2000 Richard Barnes, All Rights Reserved. / p.249~255 ©2024 Turner Duckworth. Photo credit: Andy Baron. / p.258~265 All drawings courtesy the artist ©2024 Chris Garvey. / p.266~267 © 2007 Superdrug. Photo credit: Andy Grimshaw. / p.268 ©1998 Superdrug. Model photography by Tim Platt. Photo credit: Andy Grimshaw. / p.271 © 1999 Superdrug. Photo credit: Andy Grimshaw. / p.273 ©2001 Superdrug. Photo credit: Andy Grimshaw. / p.274~275 ©2005 Superdrug. Photo credit: Andy Grimshaw. / p.276 ©2004 Superdrug. Photo credit: Andy Grimshaw. / p.283~289 All flower photos courtesy the artist Paula Codoner, ©2021, ©2020 & ©2022. All Rights Reserved.

자료를 사용할 수 있도록 허락해 주신 모든 분께 감사드립니다. 출판 전에 전부 사용 허가를 받기 위해 최선을 다했습니다만, 의도치 않은 오류나 누락이 있다면 깊이 사과드립니다. 잘못된 사항을 알려 주시면 신속히 출판사와 협의하여 수정하겠습니다.

감사의 글

이 책에 담긴 아이디어, 이야기, 조언을 제공해 주신 모든 필자 분께 감사드립니다. 여러분 각자와 모두 함께 작업할 수 있어 정말 기쁘게 생각하며, 영광이었습니다. 여러분은 시간과 에너지 그리고 지혜로 아낌없이 영감을 주시고 인내와 지지로 함께해 주셨습니다. 여러분 없이는 이 책은 세상에 나올 수 없었을 것입니다. 여러분 모두에게 경의를 표합니다.

이 책을 탄생시키는 과정에서 함께한 터너 더크워스의 훌륭하고 재능 있는 모든 분들께 감사드립니다. 이렇게 진정한 가족 같은 분위기를 가진 회사는 처음 봤습니다. 아주 인상적이었습니다. 그리고 이 프로젝트의 파트너였던 세라 모펏과 조앤 챈에게 가장 큰 감사를 전하고 싶습니다. 줌을 통해 만나 이 책에 관한 아이디어에 대해 이야기 나누기 시작했던 그날부터, 모든 것이 하나로 완성되는 과정까지, 두 분과 함께 긴밀하게 작업할 수 있어 기쁘고 즐거웠습니다. 그 여정을 사랑했습니다.

링컨대학교의 크리에이티브광고학과의 모든 학생들에게 감사를 전합니다. 과거나 현재나 학생 여러분 모두를 가르치고 함께 작업하는 것이 즐겁습니다. 여러분은 끊임없이 나에게 영감을 줍니다. 또한 계속해서 지원과 영감을 주는 나의 가까운 동료들, 특히 이 책이 완성될 수 있도록 나의 일정을 효율적으로 관리해 준 PA 애나 클레이턴에게도 감사드립니다.

마지막으로 나의 사랑하는 아내 캐스의 지원에 감사를 전합니다. 그녀는 이 책의 초고를 읽어 주며 늘 인내심을 갖고 나의 이야기를 들어 주었습니다. 그녀 없이는 길을 잃었을 것입니다. 또한 멋진 두 아들, 오스카와 조지에게도 감사를 전합니다. 저녁마다 샌프란시스코와 온라인 회의를 하기 위해 인터넷을 끊어 버려도 묵묵하게 참아 줬습니다. 그리고 우리 잘생긴 작은 강아지 몬티에게도 잊지 않고 감사를 전하고 싶습니다. 항상 내가 괜찮은지 확인해 줘서 고마워. 모두 사랑해, 모두 최고야.

— 자일스 링우드

다음 분들께 깊은 감사의 마음을 전합니다. 이 책에 더해 주신 귀중한 기여에 대해 진심으로 감사드립니다.

리처드 반스, 앤디 배런, 앤서니 바일스, 조 콜먼, 모이라 컬런, 대니얼 다시, 브루스 더크워스, 존 앤서니 듀메이, 모건 플래틀리, 크리스 가비, 스티븐 힐, 프레데릭 킨, 린다 리, 제이미 매카시, 스탠 뮤질렉, 제시카 오렉, 팀 오언, 닐 페들리엄, 제시카 로저스, 지 로만, 슈테판 자그마이스터, 제시카 스펜스, 데이비드 터너, 마크 투트셀, 마크 워터스, 미노트 웨신저. 여러분의 뛰어난 협력이 없었다면 이 책은 완성되지 못했을 것입니다. 지식, 지혜, 그리고 무엇보다도 소중한 시간을 내어 주셔서 깊이 감사드립니다.

또한 한없는 인내심으로 함께해 준 자일스 링우드에게 감사의 마음을 전합니다. 협력자이자 친구로 그와 함께한 것은 영광이었으며, 그가 이 여정에 함께해 준 것에 언제나 감사할 것입니다. 또한 파이돈의 데브 에런슨과 그 팀의 변함없는 지원과 지도에 대해서도 감사드립니다.

특별히 앤디 배런, 하비어 드러지, 케이티 모나한, 세라 페이로넬, 로버트 윌리엄스에게 감사의 인사를 전합니다. 그들의 세심한 주의와 변함없는 헌신 덕분에 이 프로젝트가 실현될 수 있었고, 그 어떤 작업도 미완성으로 남지 않을 수 있었습니다.

함께하는 사람이 당신을 정의한다고 사람들은 말합니다. 우리의 곁에 뛰어난 인재들이 있다는 것에 대해 매우 행운이라고 생각합니다. 인턴부터 평생 동료들에 이르기까지, 이 팀은 터너 더크워스의 성공을 이루는 초석이 되어 왔습니다. 우리는 이 책을 통해 우리의 경험을 일부만 전달할 수 있었으며, 이 책에 포함되지 않은 분들의 노력과 생각에도 깊은 감사의 마음을 전합니다. 여러분의 끝없는 헌신과 노력과 그 어떤 상황에서도 흔들리지 않는 인내에 깊은 감사를 드립니다. 끝없는 호기심과 포기하지 않는 태도, 변함없는 창의적 헌신, 그리고 오늘날 터너 더크워스를 만들어 주신 모든 것에 진심으로 감사를 드립니다.

— 조앤 챈, 세라 모펏

옮긴이 정상희

서울시립대학교 환경조각학과와 홍익대학교 대학원 미술사학과를 졸업했다. 오하이오대학교에서 미술사와 영화이론 전공으로 박사 과정을 수학했으며, 서울시립대학교 대학원 건축학과 박사 과정을 수료했다. 아도크리에이션의 대표로 도시연구 기반 문화·예술 및 디자인 기획 연구소를 운영하고 있다. 서울시 서울디자인재단의 디자인 컨설턴트로 활동해 왔으며, 대학교에서 디자인, 미술, 건축의 역사와 비평을 가르쳐 오고 있다. 또한 평론가이자 바른 번역 소속 번역가로도 활동하고 있다.

저서로 『인천학연구총서 47. 인천의 장소 특정성 - 걷기의 모빌리티와 도시를 경험하는 예술』, 『시카고와 인천, 시각예술로서 도시 읽기 I』, 『시각예술로서 도시 읽기 II - 아시아 항구도시』, 『움직이는 도시 - 현대미술과 모빌리티』, 『곳과 돌』 등이 있으며, 역서로는 『나는 내가 모른다는 것을 안다 - 소크라테스의 변론』, 『베니스 건축 스케치북』, 『영국 건축의 언어』, 『팝아트』, 『천사와 악마, 그림으로 읽기』, 『ART 아트 세계 미술의 역사』, 『죽기 전에 꼭 봐야 할 세계 건축 1001』 등이 있다.